Andreas Käser • Thomas Dallendörfer

# Hebräische Verben

*in Bildern schneller lernen*



BRUNNEN
Verlag GmbH · Giessen

6. Auflage 2024


www.brunnen-verlag.de
Umschlagbild: Thomas Dallendörfer
Umschlaggestaltung: Ralf Simon
ISBN 978-3-7655-1737-2

# Inhalt

## Vorwort

Unsere Verbbilder sind als flankierende Maßnahme zum Hebräischlernen gedacht. Grundlage für die Auswahl der Verben waren die Lehrbücher von Lambdin, Jenni und Neef.[1] Das Grundprinzip der Verbbilder wird auf S. 5f. erklärt, auf S. 6 findet man einen Schnelleinstieg ins Lernen der ersten Verben in Bildern. Um genauer zu verstehen, wie die Verbbilder funktionieren, kann man sich in einem zweiten Schritt die ganze Einführung zu Gemüte ziehen. Die Verbbilder bilden den Hauptteil des Buches. Die Verben sind dort alphabetisch sortiert und durchnummeriert. Mit den Ziffern, die auf die Erklärung der Bildmethode (S. 11-14) und die Kurzübersicht (S. 80) verweisen, lässt sich von jedem Verbbild jede Besonderheit im Bild schnell nachvollziehen. Man kann daher die Verben in jeder beliebigen Reihenfolge lernen. Wer eines der oben genannten Lehrbücher verwendet, findet schließlich im Registerteil, welche Verben dort in welchem Kapitel gelernt werden.

Die Bildmethode eignet sich naturgemäß besonders für diejenigen, die ein bildhaftes Gedächtnis haben. Dass unsere Lernstrategie dem an der Morphologie orientierten Sprachwissenschaftler Magenschmerzen bereiten muss, ist uns freilich bewusst. Wir glauben dennoch, dass der Nutzen größer ist als der Schaden. Letztlich kommt es ja auf die Vokabelkenntnisse an, und nicht darauf, *wie* sie erworben wurden. Um der inneren Stimmigkeit der Methode willen waren bisweilen etwas »abgedrehte« Lösungen nötig. Man möge bitte die Verbbildstorys und Bilder wie auch unsere Bezeichnungen (»Onepack«, »Twopack« usw.) mit Humor nehmen. Wir – das sind Andreas Käser, der die Verbbildmethode erfunden hat, und Thomas Dallendörfer, der die zum Teil sehr kuriosen Vorgaben in wunderbare Bilder umsetzte. Die Verfeinerung und konsequente Systematisierung haben wir gemeinsam unternommen.

Seit dem ersten Erscheinen der Bildmethode im Sommer 2009 haben wir viele positive Rückmeldungen erhalten. Immer wieder lernen wir auch Leute persönlich kennen, die mit unserem Buch ihre hebräischen Verben gelernt haben. Das ist sehr spannend. Wir freuen uns natürlich sehr, dass wir etwas zur Erleichterung des Hebräischlernens beitragen konnten. Auch weiterhin darf man uns gerne Feedback geben unter andreas-kaeser@gmx.net oder über den Verlag.

Andreas Käser und Thomas Dallendörfer, Dezember 2023

[1] Thomas O. Lambdin: Lehrbuch Bibel-Hebräisch, hgg. von Heinrich von Siebenthal, Giessen, Basel, 3. Auflage 1999; Ernst Jenni: Lehrbuch der hebräischen Sprache des Alten Testaments, Basel, Frankfurt am Main, 2. Auflage 1981; Heinz-Dieter Neef: Arbeitsbuch Hebräisch, Tübingen 2003.

# Portion 1 – Wie funktioniert die Bildmethode für hebräische Verben?

Das Prinzip der Bildmethode ist ganz einfach. Wir erklären es am Beispiel des Verbs

**גלה – aufdecken, entblößen**

*1. Das Verb wird in zwei Teile zerlegt*

- Die ersten beiden Radikale von גלה werden zu einem sog. Twopack zusammengebunden (גל).

- Den dritten Radikal nehmen wir einzeln – als sog. Onepack (ה).

*2. Jedem der zwei Teile wird ein Bildsymbol zugeordnet*

ה

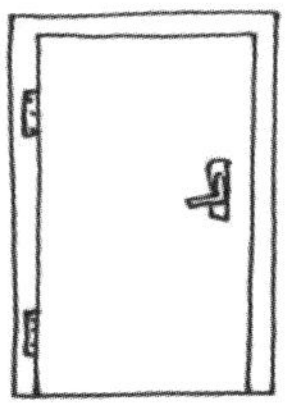

- Dem Onepack ה haben wir als Bildsymbol eine **Tür** zugeordnet, weil der Buchstabe so ähnlich aussieht wie eine Tür. (Portion 2 verrät, welches Bildsymbol für welchen hebräischen Einzelbuchstaben steht!)

- Für den Twopack גל greifen wir die akustische Seite auf (sprich: »gal«) und wählen ein deutsches Wort, das so anfängt, also: **Gallier**.

*3. Wir verbinden nun die beiden Bildsymbole <u>Tür</u> und <u>Gallier</u> mit der Verbbedeutung »<u>aufdecken, entblößen</u>« – das ergibt unser Verbbild*

גלה – aufdecken, entblößen

*Onepack:* Tür
*Twopack:* Gallier

Gallier deckt Tür auf.

Im Verbbild ist also das hebräische Verb *und* seine deutsche Bedeutung enthalten. Will man das Verb lernen, muss man sich nur das Bild einprägen. Und weil sich Bilder schneller memorieren lassen als trockene Buchstabenfolgen und Vokabelbedeutungen, ist das Lernen von hebräischen Verben mit unseren Bildern sehr viel leichter und nachhaltiger als konventionelles Vokabellernen. Das bestätigen auf jeden Fall diejenigen, die die Bildmethode schon ausprobiert haben.

# Schnelleinstieg ins Lernen

Wer jetzt mit dem Lernen gleich durchstarten möchte, prägt sich am besten die Onepackbilder (Portion 2) ein und stürzt sich dann auf die unten genannten Verben, die allesamt keine schwierigen Besonderheiten aufweisen. Oder aber er/sie geht gleich direkt zu diesen Verben und sieht dort nach, mit welchen Bildsymbolen die Onepacks belegt sind:

| | | | | |
|---|---|---|---|---|
| Nr. 23 | Nr. 44 | Nr. 133 | Nr. 191 | Nr. 217 |
| Nr. 24 | Nr. 45 | Nr. 135 | Nr. 193 | Nr. 254 |
| Nr. 29 | Nr. 49 | Nr. 137 | Nr. 194 | Nr. 259 |
| Nr. 36 | Nr. 50 | Nr. 183 | Nr. 195 | Nr. 260 |
| Nr. 37 | Nr. 122 | Nr. 184 | Nr. 197 | Nr. 265 |
| Nr. 43 | Nr. 123 | Nr. 189 | Nr. 208 | |

**Steigerungsstufe I**

Man lese Absatz 2.1 in Portion 3 zur Unterscheidung von Aleph und Ajin im Twopack. Dann kann man folgende Verben lernen:

| | | | | |
|---|---|---|---|---|
| Nr. 9 | Nr. 38 | Nr. 178 | Nr. 182 | Nr. 215 |
| Nr. 25 | Nr. 126 | Nr. 179 | Nr. 190 | Nr. 227 |
| Nr. 31 | Nr. 176 | Nr. 180 | Nr. 198 | Nr. 239 |

**Steigerungsstufe II**

Hat man nun noch 1.1 und 1.2 verinnerlicht, funktionieren die folgenden Verben: Nr. 84, Nr. 93, Nr. 94, Nr. 142, Nr. 4

**Steigerungsstufe III**

Mit einem Wissen zu den Stammbildzusätzen (3.1 bis 3.4) können gelernt werden: Nr. 5, Nr. 8, Nr. 12, Nr. 81, Nr. 105, Nr. 125, Nr. 138

Nun hat man das Grundprinzip verstanden und kann voll einsteigen...

# Portion 2 – Bildsymbole für die Onepacks

Jedem hebräischen Buchstaben ist ein Bildsymbol zugeordnet, manchen auch zwei. Die Zuordnung folgt einfachen Assoziationen, insbesondere zur Form des Buchstabens. Viel Spaß beim Einprägen der Onepacks!

א 

01 – Sieht ein bisschen aus wie ein Stier, und deshalb ist es bei uns einer. Der Buchstabe Aleph ist übrigens ursprünglich tatsächlich ein stilisierter Stierkopf.

ב 

02 – Beth heißt Haus, der Buchstabe ist der Grundriss eines Einraumhauses. Unser Beth-Haus sieht auf jeden Fall dem Beth selbst ähnlich!

ג 

03 – Ein Gimmel sieht, wenn man es etwas gerade biegt, dem Eiffelturm doch recht ähnlich, oder?

ד 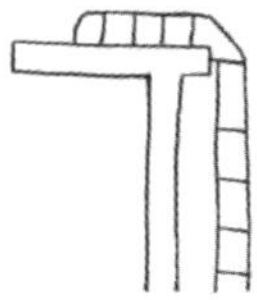

04 – Das Daleth kann eine Verwandtschaft mit einem Sprungturm im Schwimmbad nicht leugnen!

ה 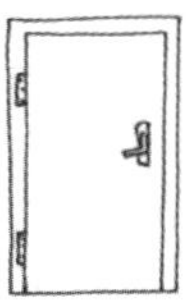

05 – Das He gleicht einer Tür. Zumindest ein bisschen!

ו  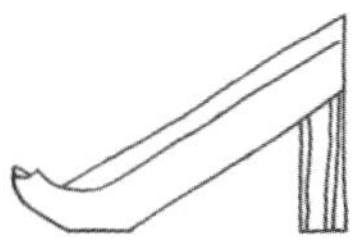

06 – Das Waw brauchen wir in zwei Formen: als o-Laut ist es ein Wasserfall, als u-Laut eine Rutsche.

ז 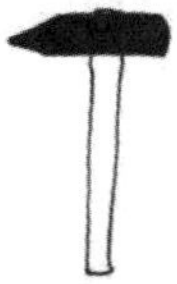

07 – Und im Zajin entdecken wir unzweifelhaft einen Hammer.

ח 

08 – Der Ch-Laut kommt im Schweizerdeutschen oft vor. Was böte sich darum für das Chet besser an als ein Schweizer?

ט 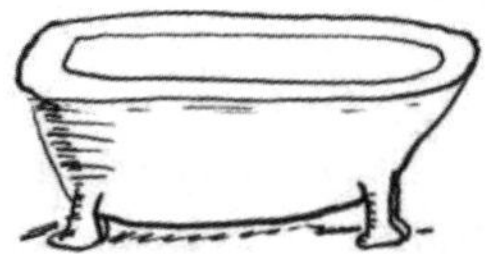

09 – Eigentlich unverkennbar, dass das Tet wie eine Badewanne aussieht. Man muss es nur ein wenig in die Breite ziehen.

י 

10 – Das Jod fliegt wie ein kleines Vögelchen am oberen Zeilenrand. Kommt das Jod in der Verbmitte vor, ist es bei uns eine Brücke.

כ ך 

11 – Dreht man das Kaph ein wenig, so erhält man einen schönen englischen Bowler, auch Melone genannt. Deshalb steht für Kaph, auch für das verdellte Schluss-Kaph, unser Engländer mit Melone.

ל 

12 – Das Lamed ähnelt deutlich unserer gefährlichen aufgerichteten Schlange. Man muss sich nur am oberen Ende noch die züngelnde Zunge dazudenken und bekommt beinahe Angst.

מ ם 

13 – Das Mem sieht aus wie ein Kamel mit Höcker. Steht es am Schluss des Wortes, so wird aus dem dynamischen Kamel leider ein recht quadratisches. Macht nichts, für uns bleibt es trotzdem ein Kamel.

נ  ן 

14 – Ein wenig gedreht und mit Zudecke und Kissen versehen ergibt das Nun ein Bett. Das Schluss-Nun hingegen sieht doch unbestreitbar aus wie ein Ski!

ס 

15 – Das Samech machen wir zur Bombe.

ע 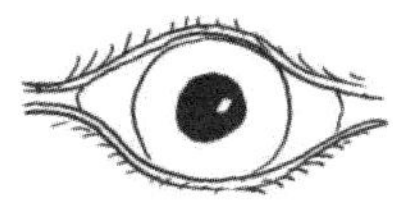

16 – Sieht man genau hin, erkennen wir im Ajin ein zugekniffenes Auge. Unseres ist ein offenes Auge, das wirkt etwas freundlicher.

פ ף 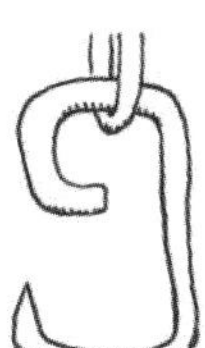

17 – Das Pe ist bei uns ein Haken.

צ ץ 

18 – Im Zade erkennen wir ein Sektglas.

ק

19 – Dem Qoph ordnen wir einen Araber zu, weil Araber das Qoph ganz toll aussprechen können.

ר

20 – Das Resch hat die Form eines Spazierstocks. Daran gibt es nichts zu rütteln.

שׂ

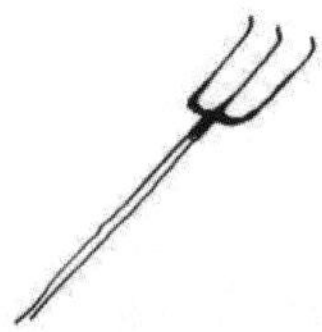

21 – Im Sin erkennen wir eine Mistgabel.

שׁ

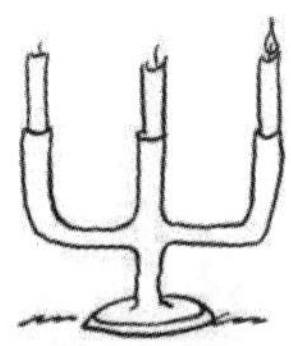

22 – Das Schin hingegen ist ein Kerzenleuchter, bei dem die rechte Kerze brennt.

ת

23 – Und zu guter letzt haben wir noch das Taw. Es hat einen Rüssel wie ein Elefant und sieht überhaupt einem Elefanten recht ähnlich – jedenfalls mit ein bisschen Phantasie!

# Portion 3 – Die Feintarierung der Bildmethode

Wie die Bildmethode grundsätzlich funktioniert, ist bereits erklärt. Jetzt kommen noch die Feinheiten.
Die Ziffern der nachfolgenden Gliederung entsprechen den Verweisziffern bei den Bildverben. Eine Kurzübersicht hierzu findet sich am Ende des Heftes auf S. 80.

## *1. Besonderheiten bei den Twopacks und Onepacks*

Wie in Portion 1 beschrieben, zerlegen wir das Verb in einen Onepack und einen Twopack: Normalerweise bilden die ersten beiden Radikale den Twopack, der letzte Radikal bildet den Onepack. Die Bildsymbole für den Onepack sind in Portion 2 festgelegt. Für die Twopacks suchen wir als Bildsymbole deutsche Wörter, die gleich oder ähnlich klingend beginnen wie unser Twopack.

### *1.1 Onepack-Twopack-Wechsel bei I-Nun-Verben und I-Jod/Waw-Verben*

Manchmal »verlieren« Verben bei der Konjugation einen Buchstaben. Unser Grundprinzip für die Twopacks ist, dass die beiden Radikale des Twopacks stabil bleiben müssen, damit wir das Twopack auf jeden Fall immer bei der Verbbestimmung finden können. Weil bei den I-Nun-Verben (und לקח) und bei den I-Jod/Waw-Verben (und הלך) der erste Radikal bei der Konjugation manchmal »verschwindet«, wechseln wir hierfür regelmäßig die Onepack-Twopack-Aufteilung. Also: hier bildet der erste Radikal den Onepack, der zweite und dritte den Twopack. Das ist übrigens auch der Grund, weshalb wir für das Nun zwei Bilder haben: das Bett und (für das Schluss-Nun) den Ski. Das Bett kommt immer bei den I-Nun-Verben (Nr. 139-165), also beim Onepack-Twopack-Wechsel zum Einsatz! (Die I-Jod-Waw-Verben finden sich unter Nr. 81-107).

### *1.2 Twopack = Circumpack und Onepack = Middlepack bei hohlen Wurzeln*

Die sogenannten hohlen Wurzeln geben bei der Konjugation immer zumindest den ersten und »dritten« Radikal zu erkennen. Deshalb bilden diese zwei auch unseren Twopack. Die Bildsymbole für die Circumpack-Twopacks werden ganz genauso zugeordnet wie für alle anderen Twopacks. Wir tun einfach so, als wären die beiden Radikale mit einem a-Laut verbunden.
Ist der Middlepack-Onepack ein o-Laut, hat er einen Wasserfall als Bildsymbol, ist er ein u-Laut, eine Rutsche. Das Jod im Middlepack ist eine Brücke (davon ist das Jod der I-Jod-Verben deutlich zu unterscheiden, denn dort ist es das Vögelchen).
***Beispiele***
für o: Nr. 4, Nr. 16, Nr. 17
für u: Nr. 34, Nr. 129, Nr. 148
für i: Nr. 21, Nr. 35, Nr. 121

*1.3 Triplepack bei doppelt schwachen Verben*

Ein paar wenige Verben sind doppelt schwach, d.h. sie können den ersten und den dritten Radikal verlieren. Damit man sie mit der Bildmethode trotzdem erfassen kann, haben wir hier jedem einzelnen Radikal einen Onepack zugeordnet. Somit ergibt sich für diese Verben ein Triplepack.
***Doppelt schwache Verben sind***: Nr. 83, Nr. 101, Nr. 152, Nr. 154, Nr. 156, Nr. 165.

*1.4 Doppelter Onepack bei II-Geminatae*

Eine kuriose Verbklasse bilden die Verben, die ihren zweiten Radikal verdoppeln – sog. Geminatae-Verben. Ein aus einer solchen Verdopplung entstandener dritter Radikal ist bei uns doppelt gezeichnet.
***Beispiele***: Nr. 199, Nr. 225, Nr. 244

*1.5 Onepack-Twopack-Wechsel bei II-He*

Bei den Verben mit einen He als zweiten Radikal haben wir für den Twopack ein akustisches Problem; man hört im Deutschen am Silbenende den h-Laut nicht. Deshalb gibt es für diese Verben einen Onepack-Twopack-Wechsel.
Es handelt sich um die Verben Nr. 3, Nr. 79, Nr. 128.
Eigentlich gilt dieses akustische Problem auch für Verben, deren zweite Stelle mit einem Aleph oder Ajin besetzt ist. Diese Herausforderung haben wir aber anders gelöst (s. 2.1).

## *2. Gleichlauter im Twopack*

Eine besondere Herausforderung bildet das Problem, dass manchmal ein bestimmter Buchstabe mit zwei (oder, bei Beth, drei) verschiedenen Lauten, und – umgekehrt –, manchmal zwei verschiedene Buchstaben mit dem gleichen Laut wiedergegeben werden. Das betrifft die nachfolgenden Buchstaben:

*2.1 Aleph (gehörnt) und Ajin (einäugig)*

Die Stimmritzenverschließer Aleph und Ajin sind in unserer Aussprachetradition akustisch nicht voneinander zu unterscheiden, weder im Silbenanlaut (wo sie knacken), noch im Auslaut (wo sie verstummen). Enthält ein Twopack einen der beiden Laute, bekommt er einen Zusatz, um zu vereindeutigen, um welchen der beiden Buchstaben es sich handelt. Bei einem Aleph heißt der Zusatz »gehörnt« (in Anlehnung an den Aleph-Stier). Bei einem Ajin lautet er »einäugig« (in Anlehnung an das Ajin-Auge).
***Beispiele***:

| | |
|---|---|
| Aleph im Anlaut: | Nr. 7, Nr. 9, Nr. 10 |
| und im Auslaut: | Nr. 31, Nr. 215, Nr. 239 |
| Ajin im Anlaut: | Nr. 176, Nr. 179, Nr. 180 |
| und im Auslaut: | Nr. 25, Nr. 190, Nr. 227 |

### *2.2 Samech (Bomben-S), Zajin (Hammer-S), Sin (Heugabel-S)*

Die drei s-Laute Samech, Zajin und Sin können ebenfalls nicht (zumindest nicht in allen Regionen des deutschen Sprachraums) akustisch auseinandergehalten werden. Nach demselben Prinzip wie bei 2.1 werden die s-Laute in den Twopacks durch Zusätze vereindeutigt: durch das Bomben-S bei Samech (in Anlehnung an die Samech-Bombe), das Hammer-S bei Zajin (in Anlehnung an das Hammer-Zajin) und das Heugabel-S bei Sin (in Anlehnung an die Sin-Heugabel).

***Beispiele:*** Samech im Anlaut: Nr. 167, Nr. 169; im Auslaut: Nr. 11
Zajin im Anlaut: Nr. 54, Nr. 56; im Auslaut: Nr. 174
Sin im Anlaut: Nr. 236, Nr. 238; im Auslaut: Nr. 181

### *2.3 Kaph (englisch), Qoph (arabisch), Chet (schweizerisch)*

Qoph wird immer als k-Laut, Chet immer als ch-Laut ausgesprochen. Kaph jedoch ist manchmal das eine (k-Laut im Anlaut), manchmal das andere (ch-Laut im Auslaut). Auch hier (wie in 2.1 und 2.2.) lösen wir das Gleichlauter-Problem in den Twopacks durch Zusätze: Kaph ist hier »englisch« (natürlich wegen des Engländer-Kaphs), Qoph »arabisch«, Chet »schweizerisch«. So ist auf jeden Fall – egal ob k- oder ch-Laut – genau zu erkennen, welcher der drei Buchstaben im Twopack steckt.

*Qoph*: Der Araber bildet keine Probleme, er bleibt in den Twopacks immer ein k-Laut.
***Beispiele***: Nr. 202, Nr. 207 im Anlaut; Nr. 26 im Auslaut

*Kaph*: Mit dem Engländer ist es schon schwieriger. Im Auslaut des Twopacks ist er immer ein ch-Laut. Im Anlaut des Twopacks ist er immer ein k-Laut, auch bei Twopack-Wechsel (1.1), obwohl er dort eigentlich ein ch-Laut sein sollte (z.B. Nr. 88)! Man verzeihe uns diese leichte Ungenauigkeit – sie entsteht zugunsten der Merkfreundlichkeit.
***Beispiele:*** Nr. 112, Nr. 116 im Anlaut; Nr. 224 im Auslaut

*Chet*: Nicht ganz einfach ist auch der Schweizer. Er sollte ja immer ein ch-Laut sein, aber weil nicht-schweizerdeutsche Wörter nie mit einem solchen beginnen, mussten wir k-Laut-Wörter wählen. Man muss diese dann einfach schweizerisch aussprechen.
***Beispiele:*** Nr. 57, Nr. 63 im Anlaut; Nr. 221 im Auslaut

### *2.4 Beth, Waw und Pe im Silbenauslaut (f-Laut-Problem)*

Das »weiche« Beth am Silbenende und das »weiche« Pe am Silbenende klingen beide gleich; ausserdem sprechen wir im Deutschen auch noch ein »w« im Silbenauslaut als f-Laut. So sind diese drei Buchstaben, wenn sie im Silbenauslaut stehen, Gleichlauter!

Wir haben uns für folgende Lösung entschieden:
Für Beth wird, auch wo weiche Aussprache gefordert wäre, im Twopack ein b-Laut gewählt. ***Beispiele***: Nr. 108 im Anlaut, Nr. 95 und Nr. 103 im Auslaut
Für nichtgehärtetes Pe findet sich im Twopack ein f-Laut. ***Beispiele:*** Nr. 92, Nr. 115.
Für konsonantische Waw suchen wir möglichst ein Wort, das im Deutschen mit »v« geschrieben ist. ***Beispiele:*** Nr. 196, Nr. 203

Im Twopack sind unsere Beths und Pes gehärtet, auch wenn sie bei Twopackwechsel »weich« gesprochen werden müssten. ***Beispiele:*** Nr. 139, Nr. 140, Nr. 158

*2.5 Taw (unbezeichnet) und Tet (nass)*

Es bleiben nun noch die Gleichlauter Taw und Tet. Weil das Taw so häufig vorkommt, bleibt es einfach ohne einen Zusatz. Tet hingegen bekommt nach demselben Prinzip wie oben (2.1, 2.2 usw.) – wegen des Badewannen-Tets – den Zusatz »nass«.
***Beispiele:*** Nr. 20, Nr. 61

### *3. Stämme*

Das System der hebräischen Verbstämme sollte am besten ein Hebräischlehrer oder ein autodidaktisch ausgerichtetes Buch erklären. Es gibt sie jedenfalls, und der Stamm muss beim Vokabelpauken immer zur jeweiligen Verbbedeutung dazugelernt werden. Deshalb gehören die Stämme auch zu unseren Bildern dazu, als sog. Additions. Der einfache Stamm (Qal) bleibt unbezeichnet. Für den Hischt'afel (3.5), der nur bei einem einzigen Verb vorkommt, haben wir als Zusatz »bei gehischter Fahne« (Nr. 58). Ansonsten hier die Übersicht:

| 3.1 Nif'al | 3.2 Pi'el | 3.3 Hitpa'el | 3.4 Hif'il |
|---|---|---|---|
|  | 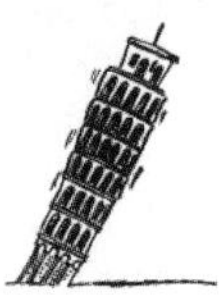 |  |  |
| am Nil | in Pisa | in der Hitze | bei HiFi-Sound |
| ***Bsp.*** Nr. 186 | Nr. 187 | Nr. 47 | Nr. 105 |
| Nr. 241 | Nr. 196 | Nr. 95 | Nr. 155 |

### *4. Noch weitere Besonderheiten*

*4.1 a-e-Perfekte und ähnliches*
Bei a-e-Perfekten tun wir für die Bildmethode so, als seien die Radikale mit a-a verbunden. Es gibt aber im Bild den Zusatz a-e, den man sich mit einprägen sollte. So auch bei a-o-Perfekt. Auch dies wird als »Addition« bei den Bildelementen angeführt.
***Beispiele:*** Nr. 14, Nr. 88, Nr. 99.

*4.2 Dialekt-Krücken*
Manchmal haben wir aus Mangel an »echten« deutschen Wörtern auf Dialekt-Krücken zurückgegriffen. So muss z.B. ein paar Mal das Sächsische, Schwäbische oder Bairische herhalten. ***Beispiele:*** Nr. 82, Nr. 144, Nr. 219.

# Die Verbbilder, alphabetisch sortiert

**אבד** – zugrunde gehen, verloren gehen Nr. 1

*Onepack:* Sprungturm
*Twopack:* gehörnter Abt 2.1 – 2.4

Gehörnter Abt geht am Sprungturm zugrunde.

**אבה** – willig sein, wollen Nr. 2

*Onepack:* Tür
*Twopack:* gehörnter Abt 2.1 – 2.4

Gehörnter Abt will durch die Tür.

**אהב** – lieben Nr. 3

*Onepack:* Stier 1.5
*Twopack:* Habanero-Pflanze 2.4

Stier liebt Habanero-Pflanze.

**אוֹר** – hell werden, leuchten Nr. 4

*Onepack:* Wasserfall 1.2
*Twopack:* gehörnter Aar (Adler) 2.1

Gehörnter Aar leuchtet im Wasserfall.

**אזן** hi. – hinhören Nr. 5

*Onepack:* Ski
*Twopack:* gehörntes Ass mit Hammer-S 2.1
*Addition:* bei HiFi-Sound 3.4

Gehörntes Ass mit Hammer-S hört auf Ski bei HiFi-Sound.

**אחז** – ergreifen Nr. 6

*Onepack:* Hammer
*Twopack:* gehörnte schweizer Achterbahn 2.1 – 2.3

Gehörnte schweizer Achterbahn ergreift Hammer.

**אכל** – essen, fressen, verzehren Nr. 7

*Onepack:* Schlange
*Twopack:* gehörnte englische Achterbahn 2.1 – 2.3

Schlange frisst gehörnte englische Achterbahn.

**אמן** ni. – fest/zuverlässig/treu sein, Bestand haben Nr. 8

*Onepack:* Ski
*Twopack:* gehörnter Amboss 2.1
*Addition:* am Nil 3.1

Gehörnter Amboss ist fest mit Ski am Nil.

**אמר** – sagen, sprechen Nr. 9

*Onepack:* Stock
*Twopack:* gehörnter Amboss 2.1

Gehörnter Ambos sagt »Stock«.

**אסף** – sammeln, aufnehmen, wegnehmen Nr. 10

| | | |
|---|---|---|
| *Onepack:* | Haken | |
| *Twopack:* | gehörntes Ass mit Bomben-S | 2.1 – 2.2 |

Haken sammelt gehörntes Ass mit Bomben-S.

**אסר** – anbinden, fesseln Nr. 11

| | | |
|---|---|---|
| *Onepack:* | Stock | |
| *Twopack:* | gehörntes Ass mit Bomben-S | 2.1 – 2.2 |

Gehörntes Ass mit Bomben-S fesselt Stock.

**ארך** hi. – lang machen , lang sein Nr. 12

| | | |
|---|---|---|
| *Onepack:* | Engländer | |
| *Twopack:* | gehörnter Aar (Adler) | 2.1 |
| Addition: | bei HiFi-Sound | 3.4 |

Gehörnter Aar macht Engländer lang bei HiFi-Sound.

**ארר** – verfluchen Nr. 13

| | | |
|---|---|---|
| *Onepack:* | doppelter Stock | 1.4 |
| *Twopack:* | gehörnter Aar (Adler) | 2.1 |

Gehörnter Aar verflucht doppelten Stock.

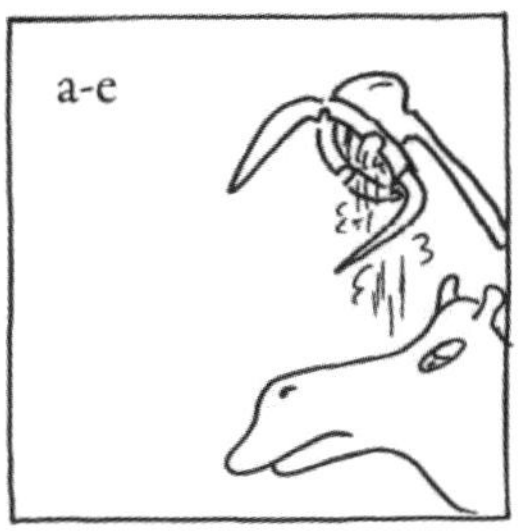


**אשֵׁם** – schuldig sein Nr. 14

| | | |
|---|---|---|
| *Onepack:* | Kamel | |
| *Twopack:* | gehörnter Aschenbecher | 2.1 |
| *Addition:* | mit a-e | 4.1 |

Gehörnter Aschenbecher ist schuldig am Kamel mit a-e.

בדל hi. – trennen, sondern, aussondern Nr. 15

*Onepack:* Schlange
*Twopack:* Bad
*Addition:* bei HiFi-Sound 3.4

Bad sondert Schlange aus bei HiFi-Sound.

בוֹא – kommen, hineingehen Nr. 16a

*Onepack:* Wasserfall 1.2
*Twopack:* gehörnte Banane 2.1

Gehörnte Banane geht in Wasserfall hinein.

בוֹא hi. – bringen Nr. 16b

*Onepack:* Wasserfall 1.2
*Twopack:* gehörnte Banane 2.1
*Addition:* bei HiFi-Sound 3.4

Wasserfall bringt gehörnte Banane bei HiFi-Sound.

בוֹשׁ – sich schämen, zuschanden werden Nr. 17

*Onepack:* Wasserfall 1.2
*Twopack:* Baschtrock (schwäbischer Bastrock) 4.2

Baschtrock im Wasserfall schämt sich und wird zuschanden.

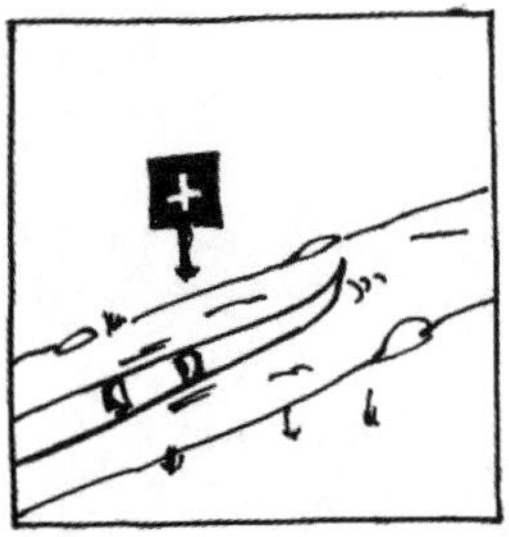

בחן – prüfen Nr. 18

*Onepack:* Ski
*Twopack:* schweizer Bach 2.3

Ski prüft schweizer Bach.

**בחר** – auswählen, erwählen Nr. 19

*Onepack:* Stock
*Twopack:* schweizer Bach 2.3

Stock erwählt schweizer Bach.

**בטח** – vertrauen (auf) Nr. 20

*Onepack:* Schweizer
*Twopack:* nasser Batman 2.5

Schweizer vertraut auf nassen Batman.

**בין** – verstehen, einsehen, (be)merken Nr. 21

*Onepack:* Brücke 1.2
*Twopack:* Bahn

Bahn auf Brücke bemerkt, versteht und sieht ein.

**בכה** – weinen, beweinen Nr. 22

*Onepack:* Tür
*Twopack:* englischer Bach 2.3

Tür weint englischen Bach.

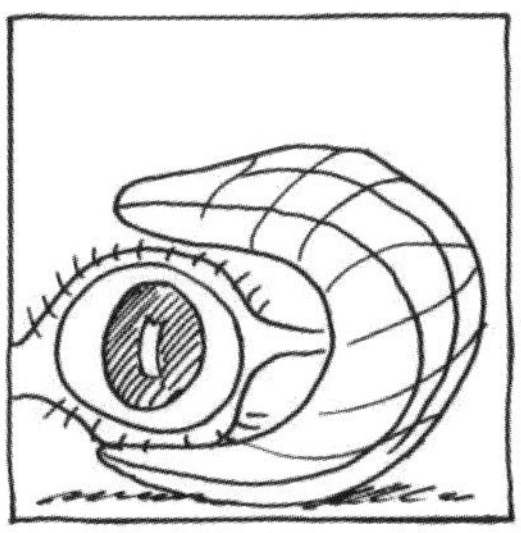

**בלע** – verschlingen Nr. 23

*Onepack:* Auge
*Twopack:* Ball

Ball verschlingt Auge.

**בנה** – bauen Nr. 24

*Onepack:* Tür
*Twopack:* Bahn

Tür baut Bahn.

**בער** – in Brand stehen, brennen Nr. 25

*Onepack:* Stock
*Twopack:* einäugige Banane 2.1

Stock und einäugige Banane stehen in Brand.

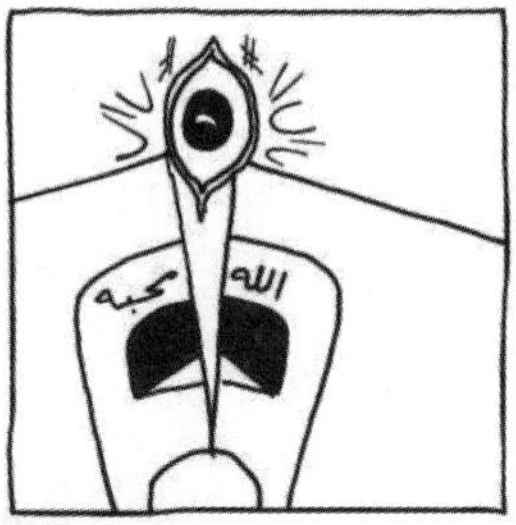

**בקע** – spalten Nr. 26

*Onepack:* Auge
*Twopack:* arabisches Backhaus 2.3

Auge spaltet arabisches Backhaus.

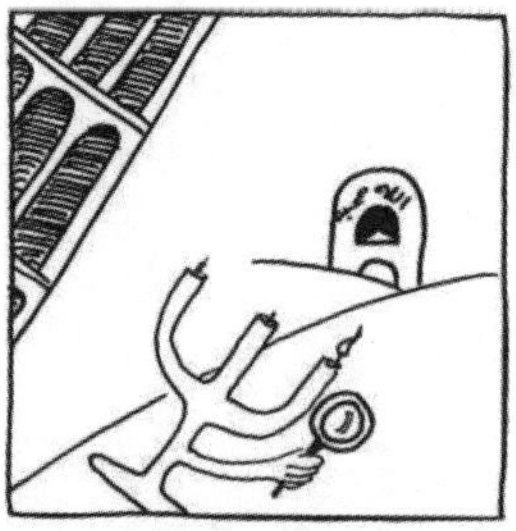

**בקשׁ** pi. – suchen Nr. 27

*Onepack:* Leuchter
*Twopack:* arabisches Backhaus 2.3
*Addition:* in Pisa 3.2

Leuchter sucht in Pisa arabisches Backhaus.

**ברא** – schaffen, erschaffen Nr. 28

*Onepack:* Stier
*Twopack:* Bar

Stier schafft an der Bar.

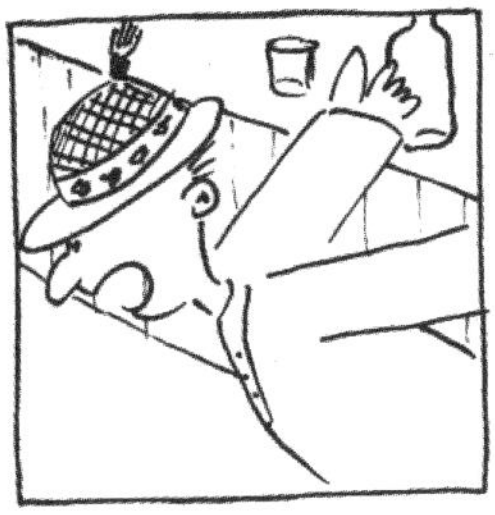

**ברח** – entlaufen, entfliehen Nr. 29

*Onepack:* Schweizer
*Twopack:* Bar

Schweizer entflieht Bar.

**ברך** pi. – segnen Nr. 30

*Onepack:* Engländer
*Twopack:* Bar
*Addition:* in Pisa 3.2

Engländer segnet in der Bar in Pisa.

**גאל** – auslösen, erlösen Nr. 31

*Onepack:* Schlange
*Twopack:* gehörnter Gagarin (russischer Kosmonaut) 2.1

Schlange erlöst gehörnten Gagarin.

**גבה** – hoch sein, erhaben sein, hochmütig sein Nr. 32

*Onepack:* Tür
*Twopack:* Gabel 2.4

Gabel ist hoch und erhaben auf Tür.

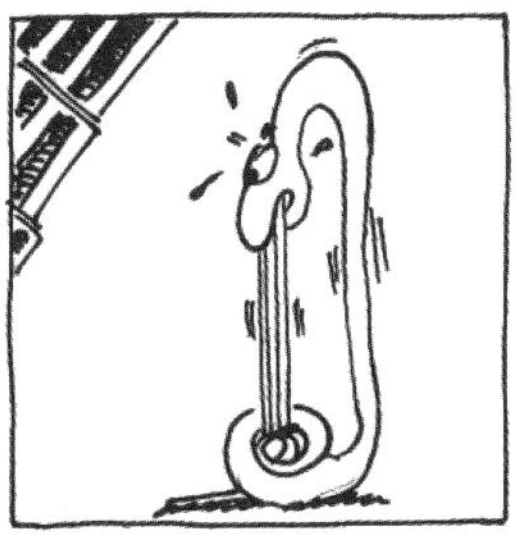

**גדל** pi. – groß machen, loben, groß ziehen Nr. 33

*Onepack:* Schlange
*Twopack:* Gadolinium-Metall
*Addition:* in Pisa 3.2

Schlange macht/zieht Gadolinium in Pisa groß.

**גור** – sich als Fremdling aufhalten Nr. 34

*Onepack:* Rutsche 1.2
*Twopack:* Garnele

Garnele hält sich auf Rutsche als Fremdling auf.

**גיל** – frohlocken, jauchzen Nr. 35

*Onepack:* Brücke 1.2
*Twopack:* Gallier

Gallier frohlockt und jauchzt auf Brücke.

**גלה** – aufdecken, entblößen Nr. 36

*Onepack:* Tür
*Twopack:* Gallier

Gallier deckt Tür auf.

**גנב** – stehlen Nr. 37

*Onepack:* Haus
*Twopack:* Ganove

Ganove stiehlt Haus.

**גער** – schelten Nr. 38

*Onepack:* Stock
*Twopack:* einäugiger Gagarin (russischer Kosmonaut) 2.1

Einäugiger Gagarin schilt Stock.

**גרשׁ** pi. – vertreiben Nr. 39

*Onepack:* Leuchter
*Twopack:* Garnele
*Addition:* in Pisa 3.2

Leuchter vertreibt Garnele in Pisa.

**דבק** – anhaften, anhängen Nr. 40

*Onepack:* Araber
*Twopack:* DAB (Dt. Arzneimittelbuch) 2.4

DAB haftet an Araber.

**דבר** pi. – reden Nr. 41

*Onepack:* Stock
*Twopack:* DAB (Deutsches Arzneimittelbuch) 2.4
*Addition:* in Pisa 3.2

Stock mit DAB redet in Pisa.

**דמם** – sich stillhalten, starr sein (vor Schreck) Nr. 42

*Onepack:* doppeltes Kamel 1.4
*Twopack:* Dame

Dame ist starr wegen doppeltem Kamel.

**דרך** – treten, gehen Nr. 43

*Onepack:* Engländer
*Twopack:* Darm

Engländer tritt Darm.

**דרשׁ** – nach etwas fragen, trachten, fordern, sich wenden an Nr. 44

*Onepack:* Leuchter
*Twopack:* Darm

Darm trachtet nach Leuchter und fragt ihn nach etwas.

**היה** – sein, werden Nr. 45

*Onepack:* Tür
*Twopack:* Hai

Hai wird zur Tür.

**הלך** – gehen Nr. 46

*Onepack:* Tür 1.1
*Twopack:* englische Lachssemmel 2.3

Englische Lachssemmel geht durch Tür.

**הלל** hit. – sich rühmen Nr. 47

*Onepack:* Schlange
*Twopack:* Hallenbad
*Addition:* in der Hitze 3.3

Schlange rühmt sich im Hallenbad in der Hitze.

**הפך** – wenden, umstürzen, verwandeln Nr. 48

*Onepack:* Engländer
*Twopack:* Hafen 2.4

Engländer verwandelt und wendet den Hafen (er versucht es zumindest).

**הרג** – töten, erschlagen Nr. 49

*Onepack:* Eiffelturm
*Twopack:* Haar

Haar erschlägt/tötet Eiffelturm.

**הרה** – empfangen, schwanger werden Nr. 50

*Onepack:* Tür
*Twopack:* Haar

Tür wird von Haar schwanger.

**זבח** – opfern Nr. 51

*Onepack:* Schweizer
*Twopack:* Saab mit Hammer-S 2.2 – 2.4

Schweizer opfert Saab mit Hammer-S.

**זכר** – an etwas/jnd. denken, sich erinnern Nr. 52

*Onepack:* Stock
*Twopack:* englische Sachertorte mit Hammer-S 2.3 – 2.2

Englische Sachertorte mit Hammer-S denkt an Stock.

**זמר** pi. – singen, spielen, preisen Nr. 53

*Onepack:* Stock
*Twopack:* Sams mit Hammer-S 2.2
*Addition:* in Pisa 3.2

Sams mit Hammer-S singt und preist mit Stock in Pisa.

**זנה** – huren, treulos sein Nr. 54

*Onepack:* Tür
*Twopack:* Sahne mit Hammer-S 2.2

Sahne mit Hammer-S hurt mit Tür.

**זעק** – schreien Nr. 55

*Onepack:* Araber
*Twopack:* einäugiger Salamander mit Hammer-S 2.1 – 2.2

Araber schreit wegen einäugigem Salamander mit Hammer-S.

**זרע** – säen Nr. 56

*Onepack:* Auge
*Twopack:* Sardellen mit Hammer-S 2.2

Auge sät Sardellen mit Hammer-S.

**חדל** – aufhören, unterlassen Nr. 57

*Onepack:* Schlange
*Twopack:* schweizer Kadett 2.3

Schlange des schweizer Kadetten hört auf.

**חוה** hischt. – sich beugen, sich niederwerfen Nr. 58

*Onepack:* Tür
*Twopack:* schweizer Kavalier 2.3 – 2.4
*Addition:* bei gehischter Fahne 3.5

Schweizer Kavalier verbeugt sich vor Tür bei gehischter Fahne.

## חזה – schauen Nr. 59

*Onepack:* Tür
*Twopack:* schweizer Kas mit Hammer-S 2.3 – 2.2

Tür schaut zu schweizer Kas mit Hammer-S.

## חזק – fest sein, stark sein, stark werden Nr. 60

*Onepack:* Araber
*Twopack:* schweizer Kas mit Hammer-S 2.3 – 2.2

Araber ist/wird stark von schweizer Kas mit Hammer-S.

## חטא – sich verfehlen, sündigen Nr. 61

*Onepack:* Stier
*Twopack:* nasser schweizer Katheder 2.3 – 2.5

Stier verfehlt sich am nassen schweizer Katheder.

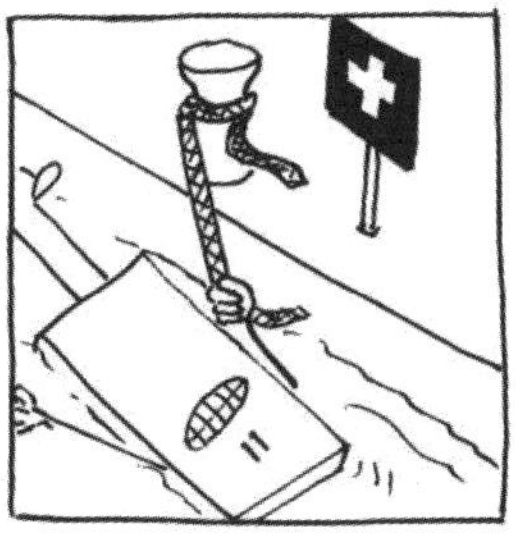

## חיה – leben, am Leben bleiben Nr. 62

*Onepack:* Tür
*Twopack:* schweizer Kai 2.3

Tür bleibt am schweizer Kai am Leben.

## חלה – krank werden, krank sein Nr. 63

*Onepack:* Tür
*Twopack:* schweizer Kalamaris 2.3

Schweizer Kalamaris vor der Tür ist krank.

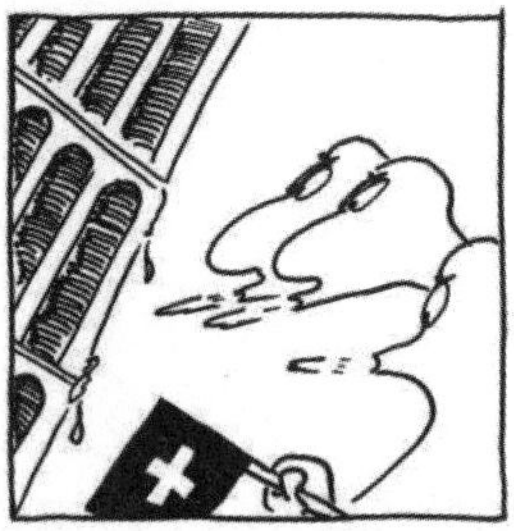

## חלל I pi. – entweihen Nr. 64a

| | | |
|---|---|---|
| *Onepack:* | doppelte Schlange | 1.4 |
| *Twopack:* | schweizer Kalamaris | 2.3 |
| *Addition:* | in Pisa | 3.2 |

Doppelte Schlange und schweizer Kalamaris entweihen Pisaturm.

## חלל I hi. – anfangen Nr. 64b

| | | |
|---|---|---|
| *Onepack:* | doppelte Schlange | 1.4 |
| *Twopack:* | schweizer Kalamaris | 2.3 |
| *Addition:* | bei HiFi-Sound | 3.4 |

Doppelte Schlange fängt bei schweizer Kalamaris bei HiFi-Sound an.

## חלל II – durchbohren Nr. 64c

| | | |
|---|---|---|
| *Onepack:* | doppelte Schlange | 1.4 |
| *Twopack:* | schweizer Kalamaris | 2.3 |

Doppelte Schlange durchbohrt schweizer Kalamaris.

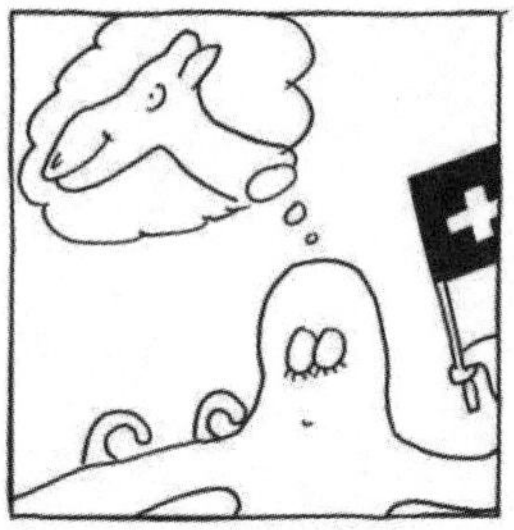

## חלם – träumen Nr. 65

| | | |
|---|---|---|
| *Onepack:* | Kamel | |
| *Twopack:* | schweizer Kalamaris | 2.3 |

Schweizer Kalamaris träumt von Kamel.

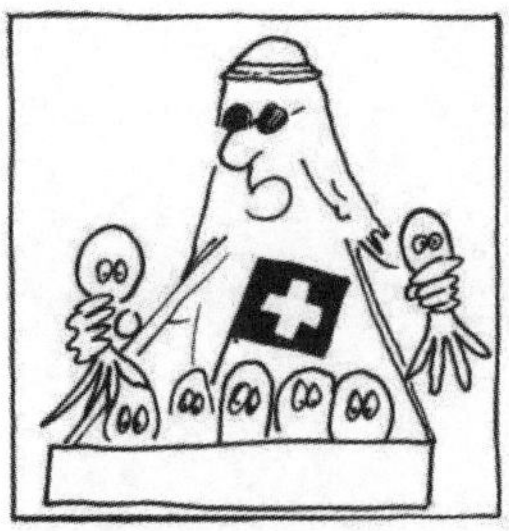

## חלק – teilen, verteilen Nr. 66

| | | |
|---|---|---|
| *Onepack:* | Araber | |
| *Twopack:* | schweizer Kalamaris | 2.3 |

Araber verteilt schweizer Kalamaris.

**חנה** – sich lagern — Nr. 67

*Onepack:* Tür
*Twopack:* schweizer Kahn — 2.3

Auf schweizer Kahn lagert sich Tür.

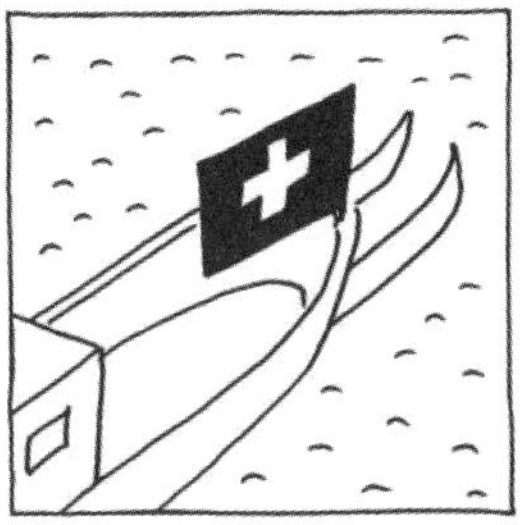

**חנן** – gnädig sein — Nr. 68

*Onepack:* doppelter Ski — 1.4
*Twopack:* schweizer Kahn — 2.3

Doppelte Ski (auf dem Schneefeld) sind gnädig mit schweizer Kahn.

**חסֵר** – entbehren, abnehmen — Nr. 69

*Onepack:* Stock
*Twopack:* schweizer Kas mit Bomben-S — 2.3 – 2.2
*Addition:* mit a-e — 4.1

Stock mit a-e entbehrt schweizer Kas wegen Bomben-S.

**חפֵץ** – Gefallen haben an — Nr. 70

*Onepack:* Sektglas
*Twopack:* schweizer Kaffee — 2.3 – 2.4
*Addition:* mit a-e — 4.1

Schweizer Kaffee hat Gefallen an Sektglas mit a-e.

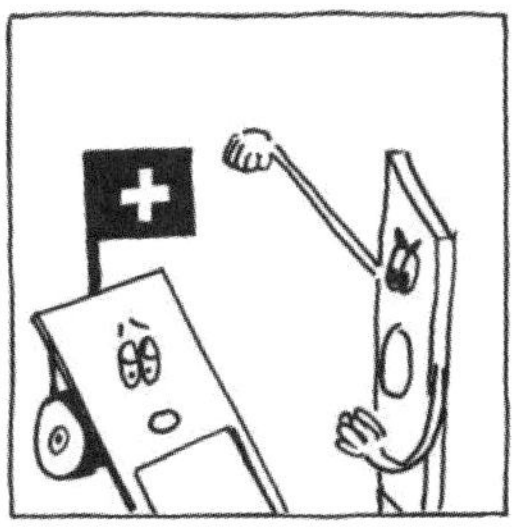

**חרה** – entbrennen, zornig werden — Nr. 71

*Onepack:* Tür
*Twopack:* schweizer Karre — 2.3

Tür wird zornig auf schweizer Karre.

**חרם** hi. – bannen Nr. 72

*Onepack:* Kamel
*Twopack:* schweizer Karre 2.3
*Addition:* bei HiFi-Sound 3.4

Kamel bannt schweizer Karre bei HiFi-Sound.

**חרף** pi. – schmähen Nr. 73

*Onepack:* Haken
*Twopack:* schweizer Karre 2.3
*Addition:* in Pisa 3.2

Haken schmäht schweizer Karre in Pisa.

**חרשׁ** hi. – schweigen, sich still verhalten Nr. 74

*Onepack:* Leuchter
*Twopack:* schweizer Karre 2.3
*Addition:* bei HiFi-Sound 3.4

Leuchter auf schweizer Karre verhält sich
bei HiFi-Sound still und schweigt.

**חשׂך** – zurückhalten Nr. 75

*Onepack:* Engländer
*Twopack:* schweizer Kas mit Heugabel-S 2.3 – 2.2

Engländer hält schweizer Kas mit Heugabel-S zurück.

**חשׁב** – anrechnen, achten für, halten für, denken, planen Nr. 76

*Onepack:* Haus
*Twopack:* schweizer Kaschmirpulli 2.3

Schweizer Kaschmirpulli hält ein Haus für ein Haus.

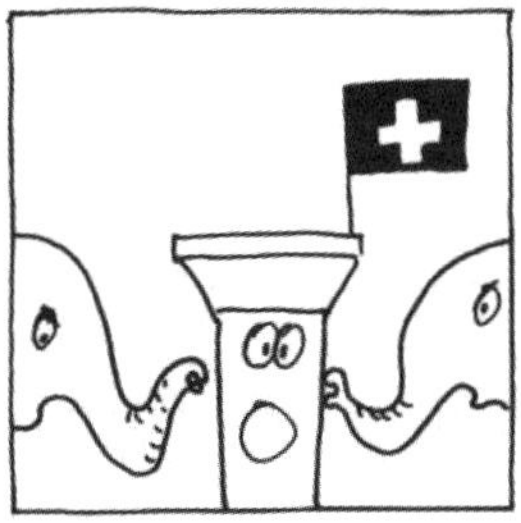

**חתת** – mutlos sein, erschrocken sein Nr. 77

*Onepack:* doppelter Elefant 1.4
*Twopack:* schweizer Katheder 2.3

Schweizer Katheder ist mutlos und erschrocken wegen doppeltem Elefant.

**טבח** – schlachten Nr. 78

*Onepack:* Schweizer
*Twopack:* nasse Tablette 2.4 –2.5

Schweizer schlachtet nasse Tablette.

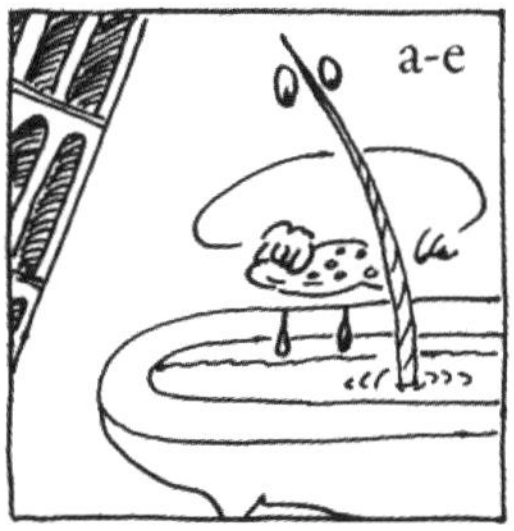


**טהֵר** pi. – reinigen Nr. 79

*Onepack:* Badewanne 1.5
*Twopack:* Haar
*Addition:* in Pisa und: a-e 3.2

Haar reinigt sich in Badewanne in Pisa mit a-e.

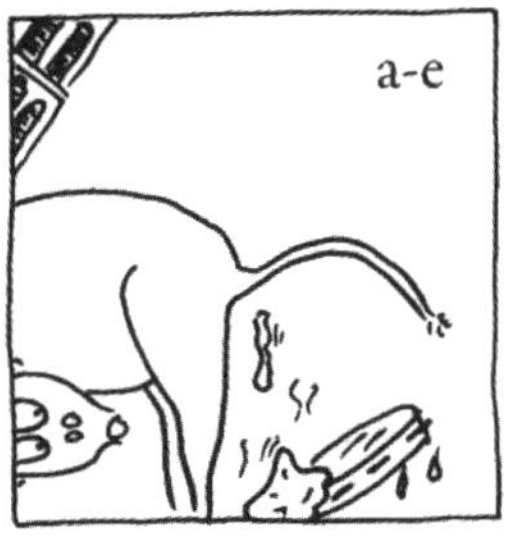


**טמֵא** pi. – verunreinigen Nr. 80

*Onepack:* Stier
*Twopack:* nasses Tamburin 2.5
*Addition:* in Pisa und: mit a-e 3.2 – 4.1

Stier verunreinigt nasses Tamburin in Pisa mit a-e.

**יאל** hi. – etwas freiwillig tun, bereit sein Nr. 81

*Onepack:* Vögelchen 1.1
*Twopack:* gehörntes All 2.1
*Addition:* bei HiFi-Sound 3.4

Vögelchen im gehörnten All tut es freiwillig.

## יבשׁ – austrocknen Nr. 82

| | | |
|---|---|---|
| *Onepack:* | Vögelchen | 1.1 |
| *Twopack:* | (schwäbischer) Baschtrock | 2.4 – 4.2 |
| *Addition:* | mit a-e | 4.1 |

Vögelchen mit Baschtrock trocknet aus mit a-e.

## ידה hi. – preisen, bekennen Nr. 83

| | | |
|---|---|---|
| *Triple 1:* | Sprungturm | 1.3 |
| *Triple 2+3:* | Vögelchen und Tür | |
| *Addition:* | bei HiFi-Sound | 3.4 |

Vögelchen preist Tür auf Sprungturm bei HiFi-Sound.

## ידע – wissen, kennen, erfahren, merken Nr. 84

| | | |
|---|---|---|
| *Onepack:* | Vögelchen | 1.1 |
| *Twopack:* | einäugiger Dadaist (Avantgardist) | 2.1 |

Einäugiger Dadaist erfährt und merkt Vögelchen – obwohl er es kennt und es weiß ...

## יהב – geben Nr. 85

| | | |
|---|---|---|
| *Onepack:* | Vögelchen | 1.1 |
| *Twopack:* | Habanero-Pflanze | |

Vögelchen gibt Habanero-Pflanze.

## יטב hi. – gut handeln, gut machen Nr. 86

| | | |
|---|---|---|
| *Onepack:* | Vögelchen | 1.1 |
| *Twopack:* | nasse Tablette | 2.4 – 2.5 |
| *Addition:* | bei HiFi-Sound | 3.4 |

Vögelchen macht es mit nasser Tablette bei HiFi-Sound gut.

**יכח** hi. – feststellen was recht ist, zurechtweisen Nr. 87

*Onepack:* Vögelchen 1.1
*Twopack:* englisch-schweizer Kachelofen 2.3
*Addition:* bei HiFi-Sound

Vögelchen weist englisch-schweizer Kachelofen bei HiFi-Sound zurecht.

**יכל** – können, vermögen, überlegen sein Nr. 88

*Onepack:* Vögelchen 1.1
*Twopack:* englische Kalamaris 2.3
*Addition:* mit a-o 4.1

Englische Kalamaris ist Vögelchen mit a-o überlegen.

**ילד** – gebären, erzeugen, hervorbringen Nr. 89

*Onepack:* Vögelchen 1.1
*Twopack:* Ladentisch

Ladentisch gebiert Vögelchen.

**ילל** hi. – heulen, wehklagen Nr. 90

*Onepack:* Vögelchen 1.1
*Twopack:* Lallwort
*Addition:* bei HiFi-Sound 3.4

Vögelchen heult und wehklagt mit Lallworten bei HiFi-Sound.

**ינק** – saugen Nr. 91

*Onepack:* Vögelchen 1.1
*Twopack:* arabischer Nacken 2.3

Vögelchen saugt an arabischem Nacken.

## יסף – hinzufügen, fortfahren, nochmals tun Nr. 92

| | | |
|---|---|---|
| *Onepack:* | Vögelchen | 1.1 |
| *Twopack:* | Saphir mit Bomben-S | 2.2 –2.4 |

Vögelchen fügt Saphir mit Bomben-S hinzu.

## יעץ – raten, beraten, planen Nr. 93

| | | |
|---|---|---|
| *Onepack:* | Vögelchen | 1.1 |
| *Twopack:* | einäugiger Azteke | 2.1 |

Einäugiger Azteke berät und plant mit Vögelchen.

## יצא – hinausgehen, herauskommen Nr. 94

| | | |
|---|---|---|
| *Onepack:* | Vögelchen | 1.1 |
| *Twopack:* | gehörntes Tsatsiki | 2.1 |

Vögelchen kommt aus gehörntem Tsatsiki.

## יצב hit. – sich hinstellen Nr. 95

| | | |
|---|---|---|
| *Onepack:* | Vögelchen | 1.1 |
| *Twopack:* | Zabaione (Weinschaumcreme) | 2.4 |
| *Addition:* | in der Hitze | 3.3 |

Vögelchen stellt sich in der Hitze in Zabaione hin.

## יצק – ausgießen Nr. 96

| | | |
|---|---|---|
| *Onepack:* | Vögelchen | 1.1 |
| *Twopack:* | arabische Zackenkrone | 2.3 |

Vögelchen gießt arabische Zackenkrone aus.

**יצר** – formen, bilden Nr. 97

*Onepack:* Vögelchen 1.1
*Twopack:* Zar

Zar formt und bildet Vögelchen.

**יקץ** – erwachen Nr. 98

*Onepack:* Vögelchen 1.1
*Twopack:* arabische Katze 2.3

Arabische Katze erwacht vor Vögelchen.

**יָרֵא** – fürchten, sich fürchten Nr. 99

*Onepack:* Vögelchen 1.1
*Twopack:* gehörnter Ra 2.1
*Addition:* mit a-e 4.1

Vögelchen mit a-e fürchtet sich vor gehörntem Ra.

**ירד** – hinabgehen, herabkommen Nr. 100

*Onepack:* Vögelchen 1.1
*Twopack:* Rad

Vögelchen kommt auf Rad herab.

**ירה** hi. – lehren Nr. 101

*Triple 1:* Stock 1.3
*Triple 2+3:* Vögelchen und Tür
*Addition:* bei HiFi-Sound 3.4

Vögelchen mit Stock lehrt Tür bei HiFi-Sound.

**ירשׁ** – in Besitz nehmen, beerben Nr. 102

*Onepack:* Vögelchen 1.1
*Twopack:* Rasch (Topfkratzer)

Vögelchen nimmt Rasch in Besitz.

**ישׁב** – sich setzen, sitzen, wohnen, bleiben Nr. 103

*Onepack:* Vögelchen 1.1
*Twopack:* Schaber 2.4

Vögelchen sitzt und bleibt auf Schaber.

**ישֵׁן** – schlafen Nr. 104

*Onepack:* Vögelchen 1.1
*Twopack:* Schanze
*Addition:* mit a-e 4.1

Vögelchen schläft auf Schanze mit a-e.

**ישׁע** hi. – helfen, retten Nr. 105

*Onepack:* Vögelchen 1.1
*Twopack:* einäugiger Schah (persischer Herrscher) 2.1
*Addition:* bei HiFi-Sound 3.4

Einäugiger Schah rettet Vögelchen bei HiFi-Sound.

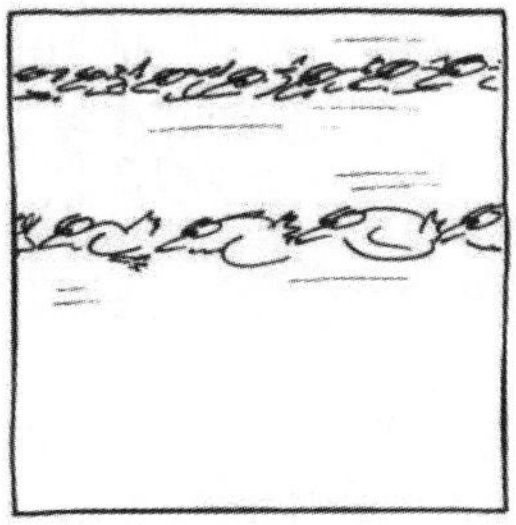

**ישׁר** – gerade sein, recht sein, gefallen Nr. 106

*Onepack:* Vögelchen 1.1
*Twopack:* Schar

Schar Vögelchen ist gerade.

**יתר** hi. – übrig lassen, übrig haben — Nr. 107

| | | |
|---|---|---|
| *Onepack:* | Vögelchen | 1.1 |
| *Twopack:* | Tarnkappe | |
| *Addition:* | bei HiFi-Sound | 3.4 |

Tarnkappe läßt Vögelchen (teilweise) übrig bei HiFi-Sound.

**כבֵד** – schwer sein — Nr. 108

| | | |
|---|---|---|
| *Onepack:* | Sprungturm | |
| *Twopack:* | englische Kabinenbahn | 2.3 – 2.4 |
| *Addition:* | mit a-e | 4.1 |

Englische Kabinenbahn ist (zu) schwer für Sprungturm mit a-e.

**כבס** pi. – waschen — Nr. 109

| | | |
|---|---|---|
| *Onepack:* | Bombe | |
| *Twopack:* | englische Kabinenbahn | 2.3 – 2.4 |
| *Addition:* | in Pisa | 3.2 |

Bombe wäscht englische Kabinenbahn in Pisa.

**כון** ni. – fest stehen, Bestand haben, bereit sein — Nr. 110

| | | |
|---|---|---|
| *Onepack:* | Rutsche | 1.2 |
| *Twopack:* | englischer Kahn | 2.3 |
| *Addition:* | am Nil | 3.1 |

Rutsche steht auf englischem Kahn am Nil fest.

**כזב** pi. – lügen — Nr. 111

| | | |
|---|---|---|
| *Onepack:* | Haus | |
| *Twopack:* | englischer Kas (Käse) mit Hammer-S | 2.3 – 2.2 |
| *Addition:* | in Pisa | 3.2 |

Haus (be-)lügt in Pisa englischen Kas mit Hammer-S.

**כלה** – fertig werden mit Nr. 112

*Onepack:* Tür
*Twopack:* englische Kalamaris 2.3

Englische Kalamaris wird mit Tür fertig.

**כסה** pi. – bedecken Nr. 113

*Onepack:* Tür
*Twopack:* englischer Kas mit Bomben-S 2.3 – 2.2
*Addition:* in Pisa 3.2

Englischer Kas mit Bomben-S bedeckt Tür in Pisa.

**כעס** – unmutig sein, sich ärgern Nr. 114

*Onepack:* Bombe
*Twopack:* englischer, einäugiger Kakao 2.3 –2.1

Englischer, einäugiger Kakao ärgert sich über Bombe.

**כפר** pi. – Sühne schaffen Nr. 115

*Onepack:* Stock
*Twopack:* englischer Kaffee 2.3 – 2.4
*Addition:* in Pisa 3.2

Stock schafft in Pisa mit englischem Kaffee Sühne.

**כרת** – abschneiden, (Bund) schließen Nr. 116

*Onepack:* Elefant
*Twopack:* englische Karre 2.3

Elefant schneidet englische Karre ab.

**כשל** q./ni. – straucheln, stolpern — Nr. 117

*Onepack:* Schlange
*Twopack:* englischer Kaschmirpulli — 2.3
*Addition:* am Nil und nicht am Nil — 3.1

Englischer Kaschmirpulli stolpert über Schlange am Nil und nicht am Nil.

**כתב** – schreiben — Nr. 118

*Onepack:* Haus
*Twopack:* englischer Katheder — 2.3

Englischer Katheder schreibt im Haus.

**לבֵשׁ** – sich bekleiden mit, anziehen — Nr. 119

*Onepack:* Leuchter
*Twopack:* Labor — 2.4
*Addition:* mit a-e — 4.1

Leuchter zieht sich Labor an mit a-e.

**לחם** ni. – kämpfen, Krieg führen — Nr. 120

*Onepack:* Kamel
*Twopack:* schweizer Lachssemmel — 2.3
*Addition:* am Nil — 3.1

Schweizer Lachssemmel führt Krieg mit Kamel am Nil.

**לין** – übernachten — Nr. 121

*Onepack:* Brücke — 1.2
*Twopack:* Languste

Languste übernachtet unter der Brücke.

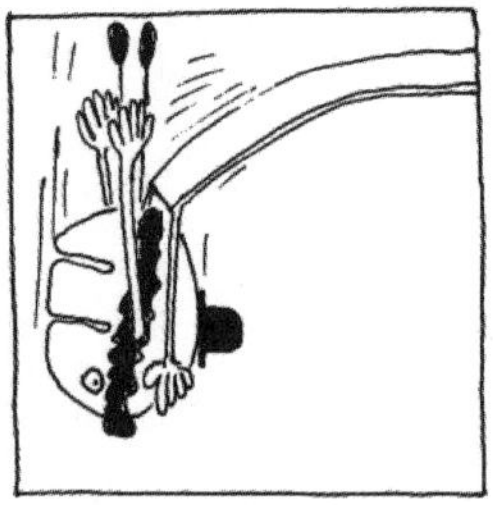

## לכד – fangen, einnehmen Nr. 122

*Onepack:* Sprungturm
*Twopack:* englische Lachssemmel 2.3

Sprungturm fängt englische Lachssemmel.

## למד – lernen Nr. 123

*Onepack:* Sprungturm
*Twopack:* Lampion

Lampion lernt auf Sprungturm.

## לקח – nehmen Nr. 124

*Onepack:* Schlange 1.1
*Twopack:* arabischer-schweizer Kachelofen 2.3

Schlange nimmt arabisch-schweizer Kachelofen.

## מאן pi. – sich weigern Nr. 125

*Onepack:* Ski
*Twopack:* gehörnte Mama 2.1
*Addition:* in Pisa 3.2

Gehörnte Mama weigert sich in Pisa gegen Ski.

## מאס – verwerfen, verschmähen Nr. 126

*Onepack:* Bombe
*Twopack:* gehörnte Mama 2.1

Gehörnte Mama verwirft Bombe.

**מדד** – messen — Nr. 127

*Onepack:* doppelter Sprungturm — 1.4
*Twopack:* Made

Made misst doppelten Sprungturm.

**מהר** pi. – sich beeilen, eilen — Nr. 128

*Onepack:* Kamel — 1.5
*Twopack:* Haar
*Addition:* in Pisa — 3.2

Haar auf Kamel eilt durch Pisa.

**מוּת** – sterben — Nr. 129

*Onepack:* Rutsche — 1.2
*Twopack:* Mattscheibe

Mattscheibe stirbt auf Rutsche.

**מכר** – verkaufen — Nr. 130

*Onepack:* Stock
*Twopack:* englischer Macho — 2.3

Englischer Macho verkauft Stock.

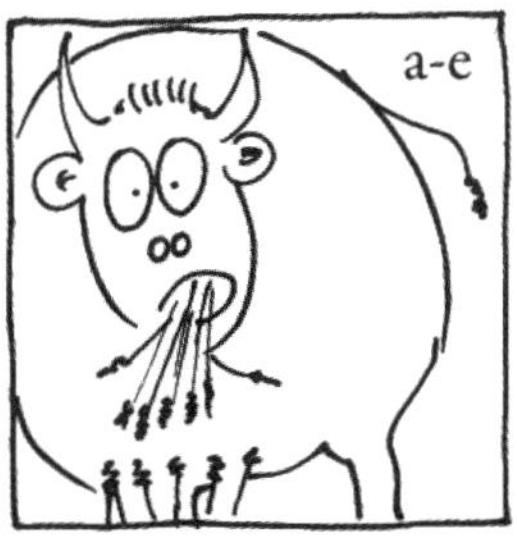


**מלֵא** – voll sein, (einen) Raum erfüllen — Nr. 131a

*Onepack:* Stier
*Twopack:* Mahl
*Addition:* mit a-e — 4.1

Stier ist vom Mahl voll mit a-e.

**מלא** ni. – erfüllt werden Nr. 131b

*Onepack:* Stier
*Twopack:* Mahl
*Addition:* am Nil und mit a-e 3.1 – 4.1

Stier wird am Nil vom Mahl erfüllt mit a-e.

**מלט** ni. – entrinnen, sich retten Nr. 132a

*Onepack:* Badewanne
*Twopack:* Mahl
*Addition:* am Nil 3.1

Mahl entrinnt in der Badewanne am Nil.

**מלט** pi. – retten Nr. 132b

*Onepack:* Badewanne
*Twopack:* Mahl
*Addition:* in Pisa 3.2

Badewanne rettet Mahl in Pisa.

**מלך** – als König herrschen, regieren Nr. 133

*Onepack:* Engländer
*Twopack:* Mahl

Engländer herrscht über das Mahl.

**מסס** ni. – zerfließen Nr. 134

*Onepack:* doppelte Bombe 1.4
*Twopack:* Mass Bier mit Bomben-S 2.2
*Addition:* am Nil 3.1

Doppelte Bombe zerfließt in Mass Bier mit Bomben-S am Nil.

**מצא** – finden, antreffen — Nr. 135

*Onepack:* Stier
*Twopack:* Mazzurka (polnischer Volkstanz)

Stier findet Mazzurka.

**משח** – salben — Nr. 136

*Onepack:* Schweizer
*Twopack:* Maschendrahtzaun

Schweizer salbt Maschendrahtzaun.

**משל** – herrschen — Nr. 137

*Onepack:* Schlange
*Twopack:* Maschendrahtzaun

Schlange herrscht im Maschendrahtzaun.

**נאץ** pi. – verachten, verschmähen — Nr. 138

| | | |
|---|---|---|
| *Onepack:* | Bett | 1.1 |
| *Twopack:* | gehörnter Azteke | 2.1 |
| *Addition:* | in Pisa | 3.2 |

Gehörnter Azteke verachtet und verschmäht das Bett in Pisa.

**נבא** ni. – prophetisch reden, als Prophet auftreten — Nr. 139

| | | |
|---|---|---|
| *Onepack:* | Bett | 1.1 |
| *Twopack:* | gehörnte Banane | 2.4 – 2.1 |
| *Addition:* | am Nil | 3.1 |

Gehörnte Banane redet prophetisch zu Bett am Nil.

**נבט** hi. – blicken, ansehen, schauen — Nr. 140

| | | |
|---|---|---|
| *Onepack:* | Bett | 1.1 |
| *Twopack:* | nasser Batman | 2.4 – 2.5 |
| *Addition:* | bei HiFi-Sound | 3.4 |

Nasser Batman sieht Bett bei HiFi-Sound an.

**נגד** hi. – mitteilen, berichten — Nr. 141

| | | |
|---|---|---|
| *Onepack:* | Bett | 1.1 |
| *Twopack:* | Gadolinium-Metall | |
| *Addition:* | bei HiFi-Sound | 3.4 |

Gadolinium berichtet Bett bei HiF-Sound.

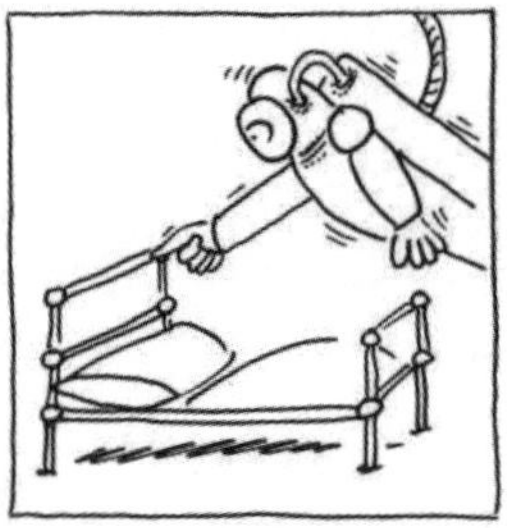

**נגע** – berühren — Nr. 142

| | | |
|---|---|---|
| *Onepack:* | Bett | 1.1 |
| *Twopack:* | einäugiger Gagarin (russischer Kosmonaut) | 2.1 |

Einäugiger Gagarin berührt Bett.

**נגף** – schlagen, quälen — Nr. 143

| | | |
|---|---|---|
| *Onepack:* | Bett | 1.1 |
| *Twopack:* | Gaston La-Gaffe (französische Comicfigur) | |

La-Gaffe schlägt und quält Bett.

**נגשׁ** – sich nähern, herzutreten — Nr. 144

| | | |
|---|---|---|
| *Onepack:* | Bett | 1.1 |
| *Twopack:* | (sächsischer) Gaschmirpulli | 4.2 |

Gaschmirpulli nähert sich Bett.

**נדח** hi. – versprengen, auseinanderjagen Nr. 145

| | | |
|---|---|---|
| *Onepack:* | Bett | 1.1 |
| *Twopack:* | schweizer Dach | 2.3 |
| *Addition:* | HiFi-Sound | |

HiFi-Sound versprengt Bett und schweizer Dach.

**נדר** – geloben Nr. 146

| | | |
|---|---|---|
| *Onepack:* | Bett | 1.1 |
| *Twopack:* | Darm | |

Darm gelobt auf Bett.

**נוּחַ** – ruhen Nr. 147a

| | | |
|---|---|---|
| *Onepack:* | Rutsche | 1.2 |
| *Twopack:* | Nacht | |

Rutsche ruht in der Nacht.

**נוּחַ** hi I – sich Ruhe verschaffen Nr. 147b

| | | |
|---|---|---|
| *Onepack:* | Rutsche | 1.2 |
| *Twopack:* | Nacht | |

Rutsche verschafft sich in der Nacht Ruhe
von HiFi-Sound.

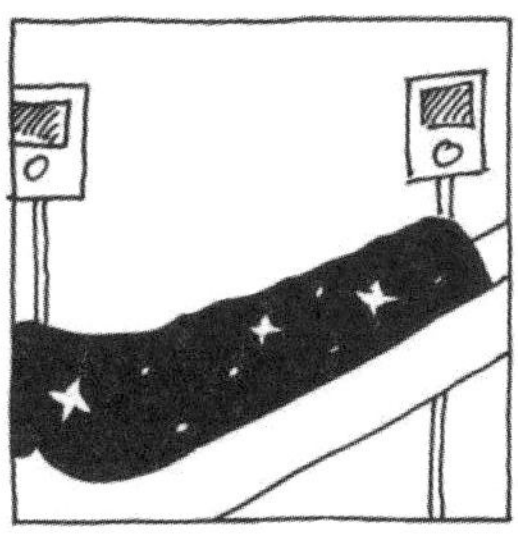

**נוּחַ** hi. II – setzen, legen, lassen Nr. 147c

| | | |
|---|---|---|
| *Onepack:* | Rutsche | 1.2 |
| *Twopack:* | Nacht | |
| *Addition:* | bei HiFi-Sound | 3.4 |

Nacht setzt und legt sich auf Rutsche bei HiFi-Sound.

**נום** – schlafen Nr. 148

| | | |
|---|---|---|
| *Onepack:* | Rutsche | 1.2 |
| *Twopack:* | Namensschild | |

Namensschild schläft an der Rutsche.

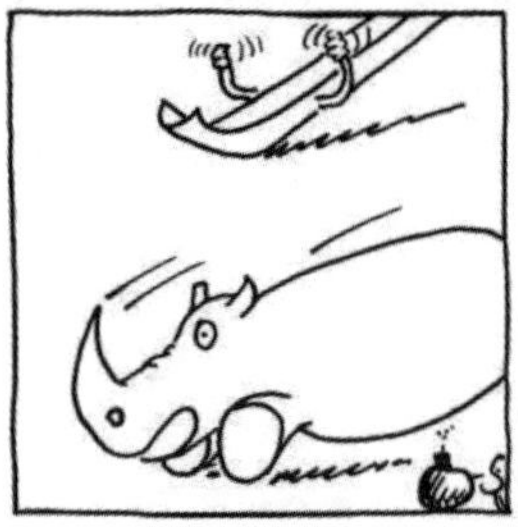

**נוס** – (vor Gefahr) fliehen Nr. 149

| | | |
|---|---|---|
| *Onepack:* | Rutsche | 1.2 |
| *Twopack:* | Nashorn mit Bomben-S | 2.2 |

Nashorn mit Bomben-S flieht vor Rutsche.

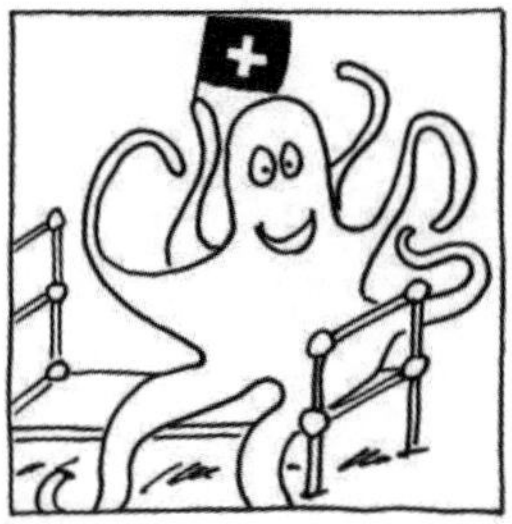

**נחל** – Besitz erhalten, erben Nr. 150

| | | |
|---|---|---|
| *Onepack:* | Bett | 1.1 |
| *Twopack:* | schweizer Kalamaris | 2.3 |

Schweizer Kalamaris erbt Bett.

**נחם** ni. – bereuen, Trost finden Nr. 151a

| | | |
|---|---|---|
| *Onepack:* | Bett | 1.1 |
| *Twopack:* | schweizer Kamm | 2.3 |
| *Addition:* | am Nil | 3.1 |

Schweizer Kamm bereut und findet Trost im Bett am Nil.

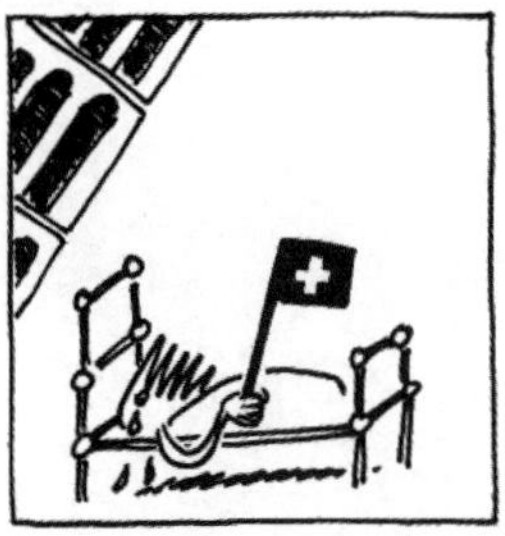

**נחם** pi. – trösten Nr. 151b

| | | |
|---|---|---|
| *Onepack:* | Bett | 1.1 |
| *Twopack:* | schweizer Kamm | 2.3 |
| *Addition:* | in Pisa | 3.2 |

Bett tröstet schweizer Kamm in Pisa.

**נטה** – ausstrecken, ausbreiten, neigen, abbiegen — Nr. 152

| | | |
|---|---|---|
| *Triple 1:* | Badewanne | 1.3 |
| *Triple 2+3:* | Bett und Tür | |

Bett, Badewanne und Tür biegen ab.

**נטע** – pflanzen — Nr. 153

| | | |
|---|---|---|
| *Onepack:* | Bett | 1.1 |
| *Twopack:* | nasses einäugiges Tapir | 2.5 – 2.1 |

Nasses einäugiges Tapir bepflanzt Bett.

**נכה** hi. – schlagen — Nr. 154

| | | |
|---|---|---|
| *Triple 1:* | Engländer | 1.3 |
| *Triple 2+3:* | Bett und Tür | |
| *Addition:* | bei HiFi-Sound | 3.4 |

Engländer schlägt Bett und Tür bei HiFi-Sound.

**נכר** hi. – erkennen, anerkennen — Nr. 155

| | | |
|---|---|---|
| *Onepack:* | Bett | 1.1 |
| *Twopack:* | englische Karre | 2.3 |
| *Addition:* | bei HiFi-Sound | 3.4 |

Englische Karre und Bett anerkennen sich bei HiFi-Sound an.

**נסה** pi. – versuchen, auf die Probe stellen — Nr. 156

| | | |
|---|---|---|
| *Triple 1:* | Bombe | 1.3 |
| *Triple 2+3:* | Bett und Tür | |
| *Addition:* | in Pisa | 3.2 |

Tür stellt in Pisa mit Bombe Bett auf die Probe.

**נסע** – herausreißen, weiterziehen, aufbrechen — Nr. 157

| | | |
|---|---|---|
| *Onepack:* | Bett | 1.1 |
| *Twopack:* | einäugiger Salamander mit Bomben-S | 2.1 – 2.2 |

Einäugiger Salamander mit Bomben-S reißt Bett heraus und bricht auf.

**נפל** – fallen, sich fallen lassen — Nr. 158

| | | |
|---|---|---|
| *Onepack:* | Bett | 1.1 |
| *Twopack:* | Palast | 2.4 |

Palast fällt auf Bett.

**נצב** hi. – hinstellen, einsetzen — Nr. 159

| | | |
|---|---|---|
| *Onepack:* | Bett | 1.1 |
| *Twopack:* | Zabaione (Weinschaumcreme) | 2.4 |
| *Addition:* | bei HiFi-Sound | 3.4 |

Bett stellt Zabaione bei HiFi-Sound hin.

**נצל** hi. – retten, entreißen — Nr. 160

| | | |
|---|---|---|
| *Onepack:* | Bett | 1.1 |
| *Twopack:* | Zahl | |
| *Addition:* | bei HiFi-Sound | 3.4 |

Bett entreißt Zahl bei HiFi-Sound.

**נצר** – bewachen, bewahren — Nr. 161

| | | |
|---|---|---|
| *Onepack:* | Bett | 1.1 |
| *Twopack:* | Zar | |

Zar bewacht Bett.

**נָשָׂא** – erheben, tragen, nehmen — Nr. 162a

*Onepack:* Bett — 1.1
*Twopack:* gehörnter Salamander mit Heugabel-S — 2.1 – 2.2

Gehörnter Salamander mit Heugabel-S
nimmt, erhebt und trägt Bett.

**נָשָׂא** ni. – sich erheben, getragen werden — Nr. 162b

*Onepack:* Bett — 1.1
*Twopack:* gehörnter Salamander mti Heugabel-S — 2.1 – 2.2
*Addition:* am Nil — 3.1

Gehörnter Salamander mit Heugabel-S
wird am Nil von Bett getragen.

**נָשַׂג** hi. – einholen, erreichen — Nr. 163

*Onepack:* Bett — 1.1
*Twopack:* Sagenbuch mit Heugabel-S — 2.2
*Addition:* bei HiFi-Sound — 3.4

Sagenbuch mit Heugabel-S holt Bett bei HiFi-Sound ein.

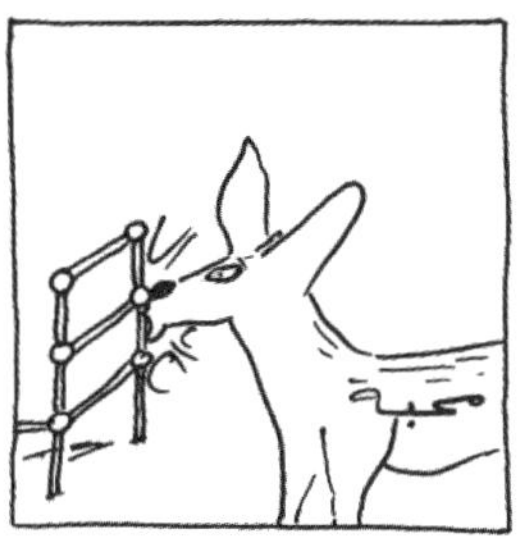

**נָשַׁק** – küssen — Nr. 164

*Onepack:* Bett — 1.1
*Twopack:* arabischer Schakal — 2.3

Arabischer Schakal küsst Bett.

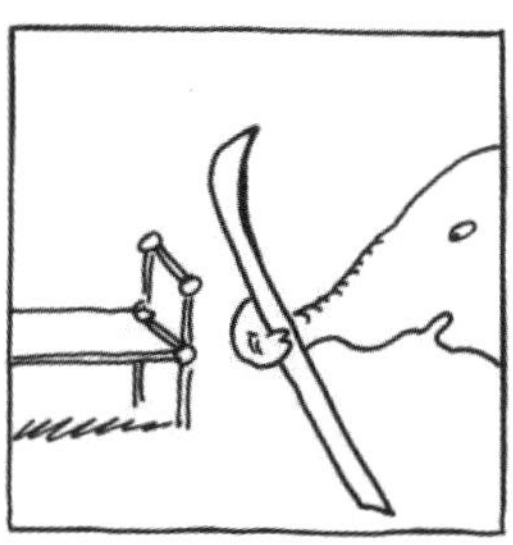

**נָתַן** – geben, (ein)setzen — Nr. 165

*Triple 1:* Elefant — 1.3
*Triple 2+3:* Bett und Ski

Elefant gibt dem Bett einen Ski.

**סבב** – sich wenden, herumgehen, umwandeln Nr. 166

*Onepack:* doppeltes Haus 1.4
*Twopack:* Saab mit Bomben-S 2.2 – 2.4

Saab mit Bomben-S wendet (sich) um doppeltes Haus.

**סגר** – schließen, verschließen Nr. 167

*Onepack::* Stock
*Twopack:* Sagenbuch mit Bomben-S 2.2

Stock schließt Sagenbuch mit Bomben-S.

**סוּר** – weichen, sich wenden, einkehren Nr. 168

*Onepack:* Rutsche 1.2
*Twopack:* Sardelle mit Bomben-S 2.2

Sardelle mit Bomben-S wendet sich auf Rutsche.

**סלח** – vergeben Nr. 169

*Onepack:* Schweizer
*Twopack:* Saal mit Bomben-S 2.2

Schweizer vergibt im Saal mit Bomben-S.

**ספר** – zählen Nr. 170

*Onepack:* Stock
*Twopack:* Saphir mit Bomben-S 2.2 – 2.4

Stock zählt Saphire mit Bomben-S.

## סתר hi. – sich verbergen, verborgen sein Nr. 171

*Onepack:* Stock
*Twopack:* Sattel mit Bomben-S 2.2
*Addition:* bei HiFi-Sound 3.4

Stock verbirgt sich unter Sattel mit Bomben-S bei HiFi-Sound.

## עבד – dienen, arbeiten Nr. 172

*Onepack:* Sprungturm
*Twopack:* einäugiger Abt 2.1 – 2.4

Einäugiger Abt dient am Sprungturm.

## עבר – durchziehen, vorübergehen, überschreiten Nr. 173

*Onepack:* Stock
*Twopack:* einäugiger Abt 2.1 – 2.4

Einäugiger Abt mit Stock geht vorüber und überschreitet.

## עזב – verlassen Nr. 174

*Onepack:* Haus
*Twopack:* einäugiges Ass mit Hammer-S 2.1 – 2.2

Einäugiges Ass mit Hammer-S verlässt Haus.

## עזר – helfen, unterstützen Nr. 175

*Onepack:* Stock
*Twopack:* einäugiges Ass mit Hammer-S 2.1 – 2.2

Einäugiges Ass mit Hammer-S hilft Stock.

עלה – hinaufgehen, hinaufsteigen Nr. 176

*Onepack:* Tür
*Twopack:* einäugiges All 2.1

Tür geht/steigt zu einäugigem All hinauf.

עמד hi. – aufstellen, hinstellen Nr. 177

*Onepack:* Sprungturm
*Twopack:* einäugiger Ambos 2.1
*Addition:* bei HiFi-Sound 3.4

Sprungturm stellt bei HiFi-Sound einäugigen Ambos auf.

ענה I – anheben, antworten, erhören Nr. 178a

*Onepack:* Tür
*Twopack:* einäugige Ananas 2.1

Tür antwortet einäugiger Ananas.

ענה II pi. – bedrücken, demütigen, vergewaltigen Nr. 178b

*Onepack:* Tür
*Twopack:* einäugige Ananas 2.1
*Addition:* in Pisa 3.2

Tür demütigt einäugige Ananas in Pisa.

ערב – bürgen für Nr. 179

*Onepack:* Haus
*Twopack:* einäugiger Aar (Adler) 2.1

Einäugiger Aar bürgt für Haus.

**ערך** – ordnen, zurüsten Nr. 180

*Onepack:* Engländer
*Twopack:* einäugiger Aar (Adler) 2.1

Engländer ordnet einäugige Aare.

**עשׂה** – tun, machen Nr. 181

*Onepack:* Tür
*Twopack:* einäugiges Ass mit Heugabel-S 2.1 – 2.2

Einäugiges Ass mit Heugabel-S macht Tür.

**עתר** – beten Nr. 182

*Onepack:* Stock
*Twopack:* einäugiges Atomkraftwerk 2.1

Stock betet vor einäugigem Atomkraftwerk.

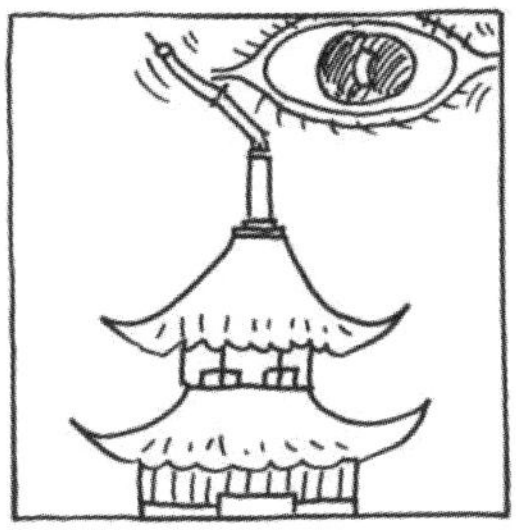

**פגע** – auf oder an etwas stoßen Nr. 183

*Onepack:* Auge
*Twopack:* Pagode

Auge stößt an Pagode.

**פדה** – loskaufen, erlösen, befreien Nr. 184

*Onepack:* Tür
*Twopack:* Paddel

Tür kauft Paddel los.

פוץ – sich ausbreiten, sich zerstreuen Nr. 185

*Onepack:* Rutsche 1.2
*Twopack:* Patzer

Patzer zerstreuen sich über Rutsche.

פלא ni. – wunderbar sein Nr. 186

*Onepack:* Stier
*Twopack:* Palast
*Addition:* am Nil 3.1

Stier auf dem Palast am Nil ist wunderbar.

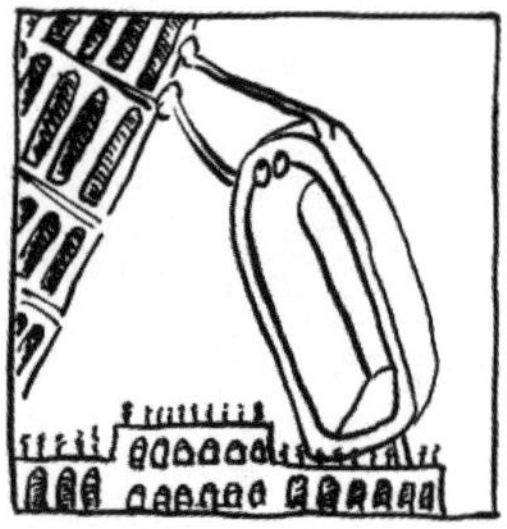

פלט pi. – retten Nr. 187

*Onepack:* Badewanne
*Twopack:* Palast
*Addition:* in Pisa 3.2

Badewanne rettet Palast in Pisa.

פלל hit. – beten Nr. 188

*Onepack:* Schlange
*Twopack:* Palast
*Addition:* in der Hitze 3.3

Schlange betet vor Palast in der Hitze.

פנה – sich wenden Nr. 189

*Onepack:* Tür
*Twopack:* Pantoffel

Pantoffel wendet sich in Tür.

## פעל – machen, tun Nr. 190

*Onepack:* Schlange
*Twopack:* einäugiger Papa 2.1

Einäugiger Papa macht Schlange.

## פקד – sich kümmern um, heimsuchen Nr. 191

*Onepack:* Sprungturm
*Twopack:* arabischer Packesel 2.3

Arabischer Packesel kümmert sich um Sprungturm.

## פרר hi. – brechen, zunichte machen Nr. 192

*Onepack:* doppelter Stock 1.4
*Twopack:* Paar
*Addition:* bei HiFi-Sound 3.4

Paar bricht doppelten Stock bei HiFi-Sound.

## פרשׂ – ausbreiten Nr. 193

*Onepack:* Heugabel
*Twopack:* Paar

Paar breitet sich unter der Heugabel aus.

## פשׂע – brechen mit, sich vergehen an Nr. 194

*Onepack:* Auge
*Twopack:* Pascha

Pascha vergeht sich an Auge.

**פתח** – öffnen Nr. 195

*Onepack:* Schweizer
*Twopack:* Patrone

Schweizer öffnet Patrone.

**צוה** pi. – befehlen, beauftragen Nr. 196

*Onepack:* Tür
*Twopack:* Zavelstein bei Calw 2.4
*Addition:* in Pisa 3.2

Tür befiehlt in Zavelstein in Pisa.

**צלח** – wirksam sein, Erfolg haben Nr. 197

*Onepack:* Schweizer
*Twopack:* Zahl

Schweizer hat Erfolg mit Zahlen.

**צעק** – schreien Nr. 198

*Onepack:* Araber
*Twopack:* einäugige Tsatsiki 2.1

Araber schreit wegen einäugigem Tsatsiki.

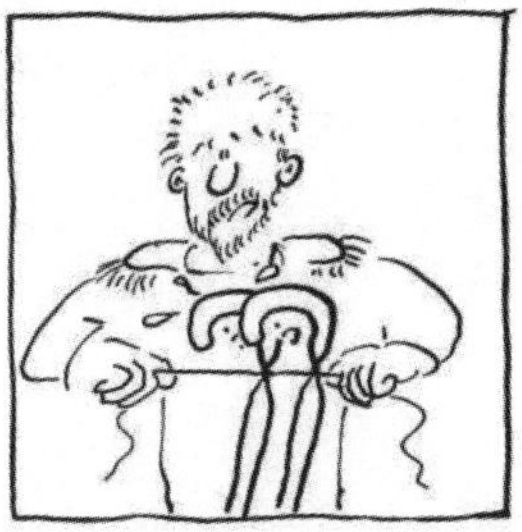

**צרר** I – zusammenschnüren, eng sein Nr. 199

*Onepack:* doppelter Stock 1.4
*Twopack:* Zar

Zar schnürt doppelten Stock zusammen.

**קבץ** – sammeln Nr. 200

*Onepack:* Sektglas
*Twopack:* arabische Kabinenbahn 2.3 – 2.4

Arabische Kabinenbahn sammelt Sektgläser.

**קבר** – begraben Nr. 201

*Onepack:* Stock
*Twopack:* arabische Kabinenbahn 2.3 – 2.4

Arabische Kabinenbahn begräbt Stock.

**קדשׁ** – heilig sein Nr. 202

*Onepack:* Leuchter
*Twopack:* arabischer Kadett 2.3

Arabischer Kadett mit Leuchter ist heilig.

**קוה** pi. – hoffen, warten Nr. 203

*Onepack:* Tür
*Twopack:* arabischer Kavalier 2.3 – 2.4
*Addition:* in Pisa 3.2

Arabischer Kavalier wartet in Pisa an der Tür.

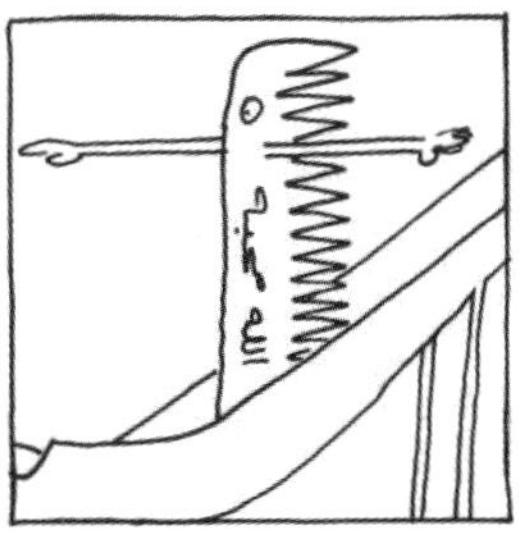

**קוּם** – aufstehen, zustande kommen, Bestand haben Nr. 204

*Onepack:* Rutsche 1.2
*Twopack:* arabischer Kamm 2.3

Arabischer Kamm steht auf Rutsche auf und hat Bestand.

**קלל** – gering sein, schnell sein Nr. 205

| | | |
|---|---|---|
| *Onepack:* | doppelte Schlange | 1.4 |
| *Twopack:* | arabische Kalamaris | 2.3 |

Doppelte Schlange und arabische Kalamaris sind schnell und gering.

**קנא** pi. – eifersüchtig sein, eifern Nr. 206

| | | |
|---|---|---|
| *Onepack:* | Stier | |
| *Twopack:* | arabischer Kahn | 2.3 |
| *Addition:* | in Pisa | 3.2 |

Stier ist eifersüchtig auf arabischen Kahn in Pisa.

**קנה** – erwerben, kaufen Nr. 207

| | | |
|---|---|---|
| *Onepack:* | Tür | |
| *Twopack:* | arabischer Kahn | 2.3 |

Tür kauft arabischen Kahn.

**קצף** – zornig sein, zornig werden Nr. 208

| | | |
|---|---|---|
| *Onepack:* | Haken | |
| *Twopack:* | arabische Katze | |

Arabische Katze am Haken ist zornig.

**קרא** – rufen, nennen, lesen Nr. 209a

| | | |
|---|---|---|
| *Onepack:* | Stier | |
| *Twopack:* | arabische Karre | 2.3 |

Stier ruft und liest auf arabischer Karre.

**קרא** ni. – gerufen werden Nr. 209b

*Onepack:* Stier
*Twopack:* arabische Karre 2.3
*Addition:* am Nil 3.1

Stier mit arabischer Karre am Nil wird gerufen.

**קרב** – sich nähern, nahe sein Nr. 210

*Onepack:* Haus
*Twopack:* arabische Karre 2.3

Arabische Karre nähert sich Haus.

**קרה** – begegnen, treffen Nr. 211

*Onepack:* Tür
*Twopack:* arabische Karre 2.3

Tür und arabische Karre begegnen sich.

**קרע** – zerreißen, losreißen Nr. 212

*Onepack:* Auge
*Twopack:* arabische Karre 2.3

Auge zerreißt arabische Karre.

**קשׁב** hi – aufmerken Nr. 213

*Onepack:* Haus
*Twopack:* arabischer Kaschmirpulli 2.3
*Addition:* bei HiFi-Sound

Haus merkt auf wegen arabischem Kaschmirpulli bei HiFi-Sound.

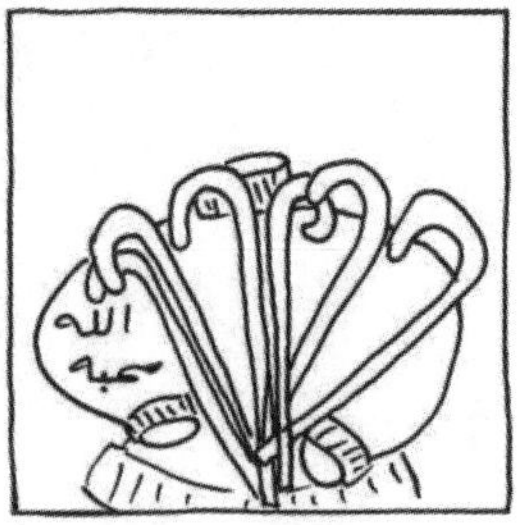

**קשר** – binden an, etwas binden, sich zusammenrotten, sich verschwören Nr. 214

*Onepack:* Stock
*Twopack:* arabischer Kaschmirpulli 2.3

Stöcke rotten sich bei arabischem Kaschmirpulli zusammen.
Und: Arabischer Kaschmirpulli bindet Stöcke.

**ראה** – sehen Nr. 215

*Onepack:* Tür
*Twopack:* gehörnter Ra 2.1

Gehörnter Ra sieht Tür.

**רבה** – zahlreich sein, zahlreich werden Nr. 216

*Onepack:* Tür
*Twopack:* Rabe 2.4

Raben auf der Tür sind zahlreich.

**רדף** – verfolgen Nr. 217

*Onepack:* Haken
*Twopack:* Rad

Haken verfolgt Rad.

**רום** – hoch sein, erhaben sein, stolz sein Nr. 218

*Onepack:* Rutsche 1.2
*Twopack:* Rammbock

Rammbock ist auf Rutsche hoch, stolz und erhaben.

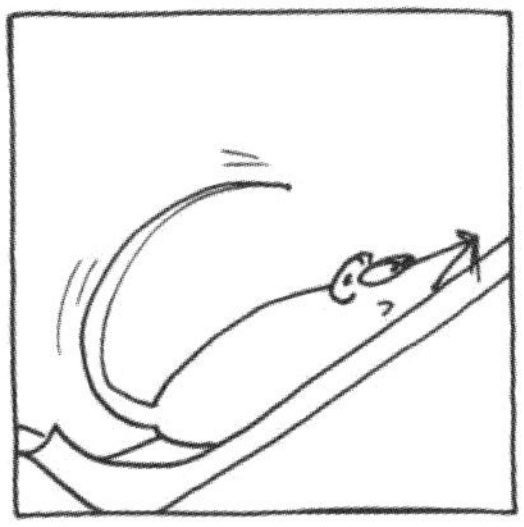

## רוץ – laufen Nr. 219

*Onepack:* Rutsche 1.2
*Twopack:* Ratz (fränkische Ratte) 4.2

Ratz läuft auf Rutsche.

## רחם pi. – sich erbarmen Nr. 220

*Onepack:* Kamel
*Twopack:* schweizer Rachekeule 2.3
*Addition:* in Pisa 3.2

Kamel erbarmt sich in Pisa über schweizer Rachekeule.

## רחץ – sich waschen Nr. 221

*Onepack:* Sektglas
*Twopack:* schweizer Rachekeule 2.3

Schweizer Rachekeule wäscht sich mit Sektglas.

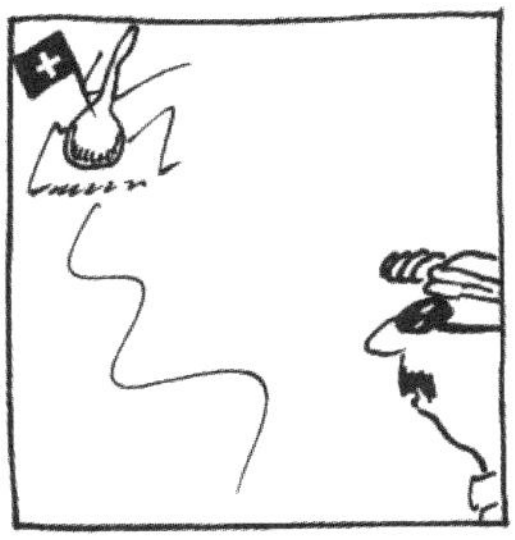

## רחק – fern sein, sich entfernen Nr. 222

*Onepack:* Araber
*Twopack:* schweizer Rachekeule 2.3

Schweizer Rachekeule entfernt sich von Araber.

## ריב – rechten, streiten, hadern Nr. 223

*Onepack:* Brücke 1.2
*Twopack:* Rabe 2.4

Raben rechten und streiten auf Brücke.

**רכב** – reiten, fahren Nr. 224

*Onepack:* Haus
*Twopack:* englische Rachekeule 2.3

Englische Rachekeule reitet auf Haus.

**רנן** – jubeln, jauchzen Nr. 225

*Onepack:* doppelter Ski 1.4
*Twopack:* Ranzen

Ranzen jubelt und jauchzt auf doppeltem Ski.

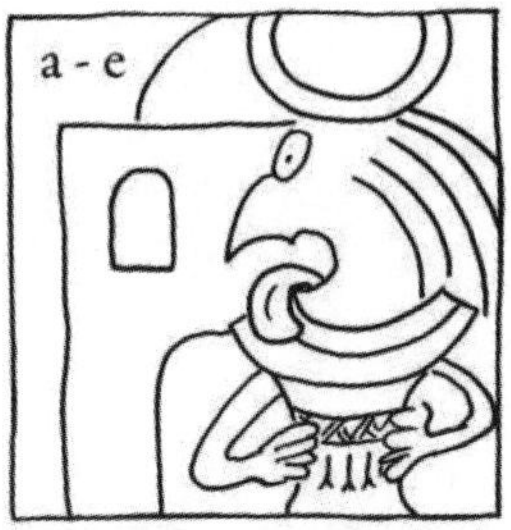


**רעֵב** – Hunger haben, hungern Nr. 226

*Onepack:* Haus
*Twopack:* einäugiger Ra 2.1
*Addition:* mit a-e 4.1

Einäugiger Ra vor dem Haus hat Hunger mit a-e.

**רעה** – weiden, hüten Nr. 227

*Onepack:* Tür
*Twopack:* einäugiger Ra 2.1

Einäugiger Ra hütet Türen.

**רעע** – schlecht sein, böse sein Nr. 228

*Onepack:* doppeltes Auge 1.4
*Twopack:* einäugiger Ra 2.1

Doppeltes Auge und einäugiger Ra sind schlecht und böse.

**רפא** – heilen — Nr. 229

*Onepack:* Stier
*Twopack:* Raffinerie — 2.4

Stier heilt Raffinerie.

**רצה** – Gefallen haben an — Nr. 230

*Onepack:* Tür
*Twopack:* Ratz (fränkische Ratte) — 4.2

Ratz hat Gefallen an Tür.

**רצח** – töten — Nr. 231

*Onepack:* Schweizer
*Twopack:* Ratz (fränkische Ratte) — 4.2

Schweizer tötet Ratz.

**שׂבע** – satt sein/werden — Nr. 232

*Onepack:* Auge
*Twopack:* Saab mit Heugabel-S — 2.2 – 2.4

Auge wird von Saab mit Heugabel-S satt.

**שׂחק** pi. – scherzen, spielen, tanzen — Nr. 233

*Onepack:* Araber
*Twopack:* schweizer Sachertorte mit Heugabel-S — 2.2 – 2.3
*Addition:* in Pisa — 3.2

Araber mit schweizer Sachertorte mit Heugabel-S spielt und tanzt in Pisa (nicht in Pisa lacht er!).

**שׂים** – setzen, legen, stellen Nr. 234

| | | |
|---|---|---|
| *Onepack:* | Brücke | 1.2 |
| *Twopack:* | Sams mit Heugabel-S | 2.2 |

Sams mit Heugabel-S setzt, legt, stellt Brücke.

**שׂכל** hi. – Einsicht haben, Erfolg haben Nr. 235

| | | |
|---|---|---|
| *Onepack:* | Schlange | |
| *Twopack:* | englische Sachertorte mit Heugabel-S | 2.3 – 2.2 |
| *Addition:* | bei HiFi-Sound | 3.4 |

Schlange mit Heugabel-S hat mit englischer Sachertorte Erfolg bei HiFi-Sound.

**שׂמח** – sich freuen Nr. 236

| | | |
|---|---|---|
| *Onepack:* | Schweizer | |
| *Twopack:* | Sams mit Heugabel-S | 2.2 |

Schweizer freut sich an Sams mit Heugabel-S.

**שׂנֵא** – hassen Nr. 237

| | | |
|---|---|---|
| *Onepack:* | Stier | |
| *Twopack:* | Sahne mit Heugabel-S | 2.2 |
| *Addition:* | mit a-e | 4.1 |

Sahne mit Heugabel-S hasst den Stier mit a-e.

**שׂרף** – verbrennen Nr. 238

| | | |
|---|---|---|
| *Onepack:* | Haken | |
| *Twopack:* | Sardelle mit Heugabel-S | 2.2 |

Sardelle verbrennt Haken mit Heugabel-S.

**שׁאל** – fragen, bitten Nr. 239

*Onepack:* Schlange
*Twopack:* gehörnter Schah (persischer Herrscher) 2.1

Gehörnter Schah fragt Schlange.

**שׁאר** ni. – übrigbleiben Nr. 240

*Onepack:* Stock
*Twopack:* gehörnter Schah (persischer Herrscher) 2.1
*Addition:* am Nil 3.1

Gehörnter Schah und Stock bleiben übrig am Nil.

**שׁבע** ni. – schwören Nr. 241

*Onepack:* Auge
*Twopack:* Schaber 2.4
*Addition:* am Nil 3.1

Auge mit Schaber schwört am Nil.

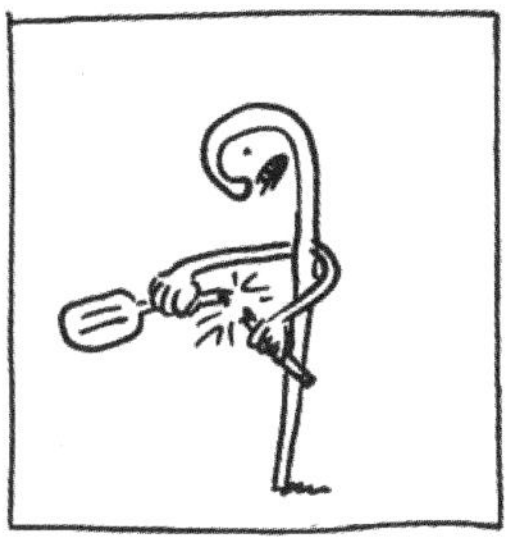

**שׁבר** – jnd./etw. zerbrechen Nr. 242

*Onepack:* Stock
*Twopack:* Schaber 2.4

Stock zerbricht Schaber.

**שׁבת** – aufhören, ruhen Nr. 243

*Onepack:* Elefant
*Twopack:* Schaber 2.4

Elefant mit Schaber ruht.

**שׁדד** – gewalttätig sein, verheeren Nr. 244

*Onepack:* doppelter Sprungturm 1.4
*Twopack:* Schadstoffausstoß

Schadstoffausstoß verheert doppelten Sprungturm.

**שׁוּב** – umkehren, zurückkehren, wieder tun Nr. 245

*Onepack:* Rutsche 1.2
*Twopack:* Schaber 2.4

Schaber kehrt auf Rutsche wieder zurück.

**שׁחט** – schlachten Nr. 246

*Onepack:* Badewanne
*Twopack:* schweizer Schach 2.3

Badewanne schlachtet schweizer Schach.

**שׁחת** hi. – verderben, vernichten Nr. 247

*Onepack:* Elefant
*Twopack:* schweizer Schach 2.3
*Addition:* bei HiFi-Sound 3.4

Elefant verdirbt schweizer Schach bei HiFi-Sound.

**שׁיר** – singen Nr. 248

*Onepack:* Brücke 1.2
*Twopack:* Schar

Eine Schar Brücken singt.

## שׂית – setzen, legen, stellen Nr. 249

*Onepack:* Brücke 1.2
*Twopack:* Schatten

Schatten setzt, legt, stellt Brücke.

## שׁכב – sich niederlegen, liegen Nr. 250

*Onepack:* Haus
*Twopack:* englisches Schach 2.3

Englisches Schach liegt im Haus.

## שׁכח – vergessen Nr. 251

*Onepack:* Schweizer
*Twopack:* englisches Schach 2.3

Schweizer vergisst englisches Schach.

## שׁכם hi. – früh aufstehen, früh tun Nr. 252

*Onepack:* Kamel
*Twopack:* englisches Schach 2.3
*Addition:* bei HiFi-Sound 3.4

Kamel steht wegen englischem Schach früh auf bei HiFi-Sound.

## שׁכן – sich niederlassen Nr. 253

*Onepack:* Ski
*Twopack:* englisches Schach 2.3

Englisches Schach lässt sich auf Skiern nieder.

## שׁלח – senden Nr. 254

*Onepack:* Schweizer
*Twopack:* Schal

Schweizer sendet Schal.

## שׁלך hi. – werfen Nr. 255

*Onepack:* Engländer
*Twopack:* Schal
*Addition:* bei HiFi-Sound 3.4

Engländer wirft Schal bei HiFi-Sound.

## שׁלם pi. – ersetzen, vergelten Nr. 256

*Onepack:* Kamel
*Twopack:* Schal
*Addition:* in Pisa 3.2

Kamel ersetzt Schal in Pisa.

## שׁמד hi. – vertilgen, zerstören Nr. 257

*Onepack:* Sprungturm
*Twopack:* Schampus
*Addition:* bei HiFi-Sound 3.4

Sprungturm zerstört Schampus bei HiFi-Sound.

## שׁמם – verödet sein, schaudern Nr. 258

*Onepack:* doppeltes Kamel 1.4
*Twopack:* Schampus

Doppeltes Kamel schaudert wegen Schampus.

**שמע** – hören Nr. 259

*Onepack:* Auge
*Twopack:* Schampus

Auge hört Schampus.

**שמר** – hüten, bewahren, halten Nr. 260

*Onepack:* Stock
*Twopack:* Schampus

Stock hütet Schampus.

**שפט** – richten Nr. 261

*Onepack:* Badewanne
*Twopack:* Schaf 2.4

Schaf richtet in der Badewanne.

**שפך** – ausgießen Nr. 262

*Onepack:* Engländer
*Twopack:* Schaf 2.4

Engländer gießt das Schaf aus.

**שקה** hi. – tränken, zu trinken geben Nr. 263

*Onepack:* Tür
*Twopack:* arabischer Schakal 2.3
*Addition:* bei HiFi-Sound 3.4

Tür tränkt arabischen Schakal bei HiFi-Sound.

**שרת** pi. – dienen, Dienst tun Nr. 264

*Onepack:* Elefant
*Twopack:* Schar
*Addition:* in Pisa 3.2

Eine Schar Elefanten dient in Pisa.

**שתה** – trinken Nr. 265

*Onepack:* Tür
*Twopack:* Schatten

Tür mit Schatten trinkt.

**תמם** – vollständig sein, zu Ende sein Nr. 266

*Onepack:* doppeltes Kamel 1.4
*Twopack:* Tamburin

Tamburin mit doppeltem Kamel ist vollständig.

**תעה** – umherirren Nr. 267

*Onepack:* Tür
*Twopack:* einäugiges Tapir 2.1

Einäugiges Tapir irrt vor Türen umher.

**תפש** – fassen, ergreifen Nr. 268

*Onepack:* Heugabel
*Twopack:* Tafel 2.4

Tafel ergreift Heugabel.

# Anhang

# Register der Twopacks, alphabetisch sortiert

## Register der Onepacks, alphabetisch sortiert

# Register der Jenni-, Lambdin- und Neef-Verben, nach Kapiteln sortiert

**Jenni-Verben**

| | |
|---|---|
| Jenni 5 | Nr. 9 |
| | Nr. 16 |
| | Nr. 41 |
| | Nr. 46 |
| | Nr. 181 |
| Jenni 6 | Nr. 45 |
| | Nr. 124 |
| | Nr. 165 |
| | Nr. 215 |
| | Nr. 259 |
| Jenni 7 | Nr. 44 |
| | Nr. 52 |
| | Nr. 116 |
| | Nr. 118 |
| | Nr. 191 |
| | Nr. 201 |
| | Nr. 217 |
| | Nr. 238 |
| | Nr. 260 |
| | Nr. 268 |
| Jenni 8 | Nr. 43 |
| | Nr. 122 |
| | Nr. 130 |
| | Nr. 133 |
| | Nr. 137 |
| | Nr. 193 |
| | Nr. 242 |
| | Nr. 253 |
| | Nr. 261 |
| | Nr. 262 |
| Jenni 9 | Nr. 32 |
| | Nr. 56 |
| | Nr. 108 |
| | Nr. 119 |
| | Nr. 194 |
| | Nr. 210 |
| | Nr. 212 |
| | Nr. 224 |
| | Nr. 232 |
| | Nr. 250 |
| Jenni 10 | Nr. 20 |
| | Nr. 29 |
| | Nr. 51 |
| | Nr. 136 |
| | Nr. 169 |
| | Nr. 195 |
| | Nr. 231 |
| | Nr. 236 |
| | Nr. 251 |
| | Nr. 254 |
| Jenni 11 | Nr. 120 |
| | Nr. 131 |
| | Nr. 132a |
| | Nr. 135 |
| | Nr. 162 |
| | Nr. 186 |
| | Nr. 200 |
| | Nr. 209 |
| | Nr. 240 |
| | Nr. 241 |
| Jenni 12 | Nr. 15 |
| | Nr. 171 |
| | Nr. 213 |
| | Nr. 222 |
| | Nr. 235 |
| | Nr. 243 |
| | Nr. 247 |
| | Nr. 252 |
| | Nr. 255 |
| | Nr. 257 |
| Jenni 13 | Nr. 27 |
| | Nr. 33 |
| | Nr. 53 |
| | Nr. 109 |
| | Nr. 111 |
| | Nr. 115 |
| | Nr. 123 |
| | Nr. 132b |
| | Nr. 170 |
| | Nr. 187 |
| | Nr. 256 |
| Jenni 14 | Nr. 28 |
| | Nr. 47 |
| | Nr. 61 |
| | Nr. 80 |
| | Nr. 95 |
| | Nr. 188 |
| | Nr. 202 |
| | Nr. 206 |
| | Nr. 229 |
| | Nr. 237 |
| Jenni 16 | Nr. 30 |
| | Nr. 39 |
| | Nr. 73 |
| | Nr. 79 |
| | Nr. 125 |
| | Nr. 128 |
| | Nr. 138 |
| | Nr. 151b |
| | Nr. 220 |
| | Nr. 264 |
| Jenni 17 | Nr. 18 |
| | Nr. 19 |
| | Nr. 31 |
| | Nr. 55 |
| | Nr. 126 |
| | Nr. 198 |
| | Nr. 190 |
| | Nr. 221 |
| | Nr. 233 |
| | Nr. 239 |
| | Nr. 246 |
| Jenni 18 | Nr. 10 |
| | Nr. 11 |
| | Nr. 48 |
| | Nr. 49 |
| | Nr. 76 |
| | Nr. 172 |
| | Nr. 173 |
| | Nr. 174 |
| | Nr. 175 |
| | Nr. 177 |
| | Nr. 180 |
| | Nr. 198 |
| Jenni 19 | Nr. 3 |
| | Nr. 5 |
| | Nr. 8 |
| | Nr. 57 |
| | Nr. 60 |
| | Nr. 69 |
| | Nr. 70 |
| | Nr. 72 |
| | Nr. 74 |
| Jenni 20 | Nr. 140 |
| | Nr. 141 |
| | Nr. 151a |
| | Nr. 153 |
| | Nr. 155 |
| | Nr. 158 |
| | Nr. 159 |
| | Nr. 160 |
| | Nr. 161 |
| | Nr. 163 |
| Jenni 21 | Nr. 1 |
| | Nr. 2 |
| | Nr. 6 |
| | Nr. 7 |
| | Nr. 9 |
| | Nr. 142 |
| | Nr. 144 |
| | Nr. 150 |
| | Nr. 157 |
| | Nr. 164 |
| Jenni 22 | Nr. 83 |
| | Nr. 84 |
| | Nr. 89 |
| | Nr. 92 |
| | Nr. 94 |
| | Nr. 100 |
| | Nr. 101 |
| | Nr. 103 |
| | Nr. 105 |
| | Nr. 107 |
| Jenni 23 | Nr. 82 |
| | Nr. 86 |
| | Nr. 88 |
| | Nr. 90 |
| | Nr. 91 |
| | Nr. 93 |
| | Nr. 96 |
| | Nr. 97 |
| | Nr. 99 |
| | Nr. 102 |
| Jenni 24 | Nr. 22 |
| | Nr. 24 |
| | Nr. 36 |
| | Nr. 54 |
| | Nr. 112 |
| | Nr. 184 |
| | Nr. 189 |
| | Nr. 207 |
| | Nr. 230 |
| | Nr. 265 |

| | |
|---|---|
| Jenni 25 | Nr. 50 |
| | Nr. 59 |
| | Nr. 63 |
| | Nr. 67 |
| | Nr. 71 |
| | Nr. 176 |
| | Nr. 178 |
| | Nr. 215 |
| | Nr. 227 |
| Jenni 26 | Nr. 58 |
| | Nr. 62 |
| | Nr. 152 |
| | Nr. 154 |
| | Nr. 156 |
| | Nr. 178 |
| | Nr. 196 |
| | Nr. 203 |
| | Nr. 216 |
| | Nr. 263 |
| Jenni 27 | Nr. 34 |
| | Nr. 110 |
| | Nr. 117 |
| | Nr. 129 |
| | Nr. 145 |
| | Nr. 147 |
| | Nr. 149 |
| | Nr. 168 |
| | Nr. 204 |
| | Nr. 218 |
| | Nr. 219 |
| | Nr. 245 |
| Jenni 28 | Nr. 4 |
| | Nr. 16 |
| | Nr. 17 |
| | Nr. 21 |
| | Nr. 26 |
| | Nr. 35 |
| | Nr. 87 |
| | Nr. 121 |
| | Nr. 139 |
| | Nr. 167 |
| | Nr. 185 |
| | Nr. 223 |
| | Nr. 234 |
| | Nr. 248 |
| | Nr. 249 |
| Jenni 29 | Nr. 13 |
| | Nr. 25 |
| | Nr. 40 |
| | Nr. 64 |
| | Nr. 66 |
| | Nr. 68 |
| | Nr. 77 |
| | Nr. 114 |
| | Nr. 127 |
| | Nr. 166 |
| | Nr. 192 |
| | Nr. 197 |
| | Nr. 199 |
| | Nr. 205 |
| | Nr. 225 |
| | Nr. 228 |
| | Nr. 244 |

**Lambdin-Verben**

| | |
|---|---|
| Lamb. 4 | Nr. 7 |
| | Nr. 46 |
| | Nr. 118 |
| | Nr. 103 |
| | Nr. 165 |
| Lamb. 6 | Nr. 94 |
| | Nr. 153 |
| | Nr. 254 |
| Lamb. 7 | Nr. 100 |
| Lamb. 8 | Nr. 24 |
| | Nr. 158 |
| | Nr. 176 |
| Lamb. 9 | Nr. 52 |
| | Nr. 89 |
| | Nr. 200 |
| Lamb. 10 | Nr. 19 |
| | Nr. 49 |
| | Nr. 84 |
| | Nr. 124 |
| | Nr. 177 |
| Lamb. 11 | Nr. 9 |
| | Nr. 28 |
| | Nr. 135 |
| | Nr. 209 |
| Lamb. 12 | Nr. 116 |
| | Nr. 157 |
| | Nr. 181 |
| | Nr. 215 |
| Lamb. 13 | Nr. 45 |
| | Nr. 61 |
| | Nr. 65 |
| | Nr. 122 |
| Lamb. 14 | Nr. 16 |
| | Nr. 34 |
| | Nr. 204 |
| | Nr. 234 |
| | Nr. 265 |
| Lamb. 15 | Nr. 13 |
| | Nr. 102 |
| | Nr. 166 |
| | Nr. 173 |
| | Nr. 174 |
| | Nr. 251 |
| Lamb. 16 | Nr. 242 |
| | Nr. 243 |
| | Nr. 259 |
| Lamb. 18 | Nr. 97 |
| Lamb. 19 | Nr. 248 |
| Lamb. 20 | Nr. 224 |
| Lamb. 21 | Nr. 17 |
| | Nr. 71 |
| | Nr. 108 |
| | Nr. 129 |
| | Nr. 131 |
| | Nr. 172 |
| | Nr. 227 |
| | Nr. 260 |
| Lamb. 22 | Nr. 44 |
| | Nr. 130 |
| | Nr. 201 |
| | Nr. 238 |
| Lamb. 23 | Nr. 20 |
| | Nr. 31 |
| | Nr. 236 |
| | Nr. 250 |
| Lamb. 24 | Nr. 143 |
| Lamb. 25 | Nr. 29 |
| | Nr. 50 |
| | Nr. 60 |
| | Nr. 99 |
| | Nr. 245 |
| Lamb. 26 | Nr. 1 |
| | Nr. 3 |
| | Nr. 6 |
| | Nr. 11 |
| | [Nr. 33] |
| | Nr. 167 |
| | Nr. 195 |
| | Nr. 212 |
| Lamb. 27 | Nr. 112 |
| | Nr. 191 |
| | Nr. 228 |
| | Nr. 267 |
| Lamb. 28 | Nr. 10 |
| | Nr. 57 |
| | Nr. 70 |
| | Nr. 88 |
| | Nr. 266 |
| Lamb. 29 | Nr. 38 |
| | Nr. 85 |
| | Nr. 144 |
| | Nr. 146 |
| | Nr. 162 |
| | Nr. 237 |
| Lamb. 30 | Nr. 104 |
| | Nr. 178 |
| | Nr. 210 |
| | Nr. 239 |
| Lamb. 31 | Nr. 22 |
| | Nr. 152 |
| | Nr. 246 |
| | Nr. 262 |
| | Nr. 268 |
| Lamb. 32 | Nr. 149 |
| | Nr. 207 |
| | Nr. 217 |
| | Nr. 219 |
| | Nr. 249 |
| Lamb. 33 | Nr. 42 |
| | Nr. 75 |
| | Nr. 68 |
| | Nr. 127 |
| | Nr. 258 |
| Lamb. 34 | Nr. 98 |
| Lamb. 35 | Nr. 62 |
| | Nr. 86 |
| | Nr. 211 |
| | Nr. 226 |
| Lamb. 36 | Nr. 18 |
| Lamb. 37 | Nr. 8 |
| | Nr. 14 |
| | Nr. 121 |
| | Nr. 240 |
| Lamb. 38 | Nr. 120 |
| | Nr. 144 |
| | Nr. 151 |
| | Nr. 159 |
| | Nr. 186 |
| Lamb. 39 | Nr. 78 |
| | Nr. 110 |

| | |
|---|---|
| | Nr. 132 |
| | Nr. 134 |
| | Nr. 148 |
| | Nr. 221 |
| Lamb. 40 | Nr. 25 |
| | Nr. 27 |
| | Nr. 30 |
| | Nr. 33 |
| | Nr. 39 |
| | Nr. 41 |
| | Nr. 125 |
| | Nr. 138 |
| | Nr. 196 |
| | Nr. 264 |
| Lamb. 41 | Nr. 113 |
| | Nr. 170 |
| | Nr. 178 |
| | Nr. 179 |
| | Nr. 214 |
| Lamb. 42 | Nr. 55 |
| | Nr. 64 |
| | Nr. 115 |
| | Nr. 151 |
| | Nr. 168 |
| Lamb. 43 | Nr. 140 |
| | Nr. 141 |
| | Nr. 160 |
| | Nr. 163 |
| | Nr. 171 |
| Lamb. 44 | Nr. 12 |
| | Nr. 37 |
| | Nr. 51 |
| | Nr. 197 |
| | Nr. 231 |
| | Nr. 255 |
| | Nr. 257 |
| Lamb. 45 | Nr. 87 |
| | Nr. 92 |
| | Nr. 105 |
| | Nr. 206 |
| Lamb. 46 | Nr. 36 |
| | Nr. 83 |
| | Nr. 101 |
| | Nr. 123 |
| | Nr. 123 |
| | Nr. 154 |
| | Nr. 176 |
| | Nr. 216 |
| | Nr. 263 |
| Lamb. 47 | Nr. 21 |
| | Nr. 54 |
| | Nr. 72 |
| | Nr. 128 |
| | Nr. 147 |
| | Nr. 147 |
| | Nr. 147 |
| | Nr. 180 |
| | Nr. 218 |
| Lamb. 48 | Nr. 64 |
| | Nr. 81 |
| | Nr. 183 |
| | Nr. 192 |
| | Nr. 241 |
| | Nr. 252 |
| Lamb. 49 | Nr. 106 |
| | Nr. 137 |
| | Nr. 208 |
| | Nr. 253 |
| Lamb. 50 | Nr. 139 |
| | Nr. 170 |
| | Nr. 188 |
| | Nr. 193 |
| Lamb. 51 | Nr. 58 |
| | Nr. 129 |
| | Nr. 261 |
| Lamb. 52 | Nr. 23 |
| | Nr. 117 |
| | Nr. 126 |
| | Nr. 133 |
| | Nr. 169 |
| Lamb. 53 | Nr. 26 |
| | Nr. 136 |
| | Nr. 175 |
| | Nr. 229 |
| | Nr. 256 |
| Lamb. 54 | Nr. 76 |
| | Nr. 189 |
| Lamb. 55 | Nr. 194 |
| | Nr. 220 |

**Neef-Verben**

| | |
|---|---|
| Neef 8 | Nr. 37 |
| | Nr. 43 |
| | Nr. 44 |
| | Nr. 52 |
| | Nr. 116 |
| | Nr. 118 |
| | Nr. 122 |
| | Nr. 133 |
| | Nr. 260 |
| | Nr. 261 |
| Neef 9 | Nr. 108 |
| | Nr. 137 |
| | Nr. 170 |
| | Nr. 191 |
| | Nr. 200 |
| | Nr. 202 |
| | Nr. 210 |
| | Nr. 217 |
| | Nr. 222 |
| | Nr. 224 |
| | Nr. 250 |
| | Nr. 254 |
| | Nr. 259 |
| Neef 10 | Nr. 9 |
| | Nr. 41 |
| | Nr. 99 |
| | Nr. 103 |
| | Nr. 123 |
| | Nr. 201 |
| | Nr. 209 |
| | Nr. 243 |
| Neef 11 | Nr. 19 |
| | Nr. 46 |
| | Nr. 84 |
| | Nr. 136 |
| | Nr. 177 |
| | Nr. 177 |
| | Nr. 195 |
| | Nr. 212 |
| Neef 12 | Nr. 55 |
| | Nr. 120 |
| | Nr. 130 |
| | Nr. 132 |
| | Nr. 132 |
| | Nr. 240 |
| | Nr. 241 |
| | Nr. 242 |
| Neef 13 | Nr. 7 |
| | Nr. 27 |
| | Nr. 33 |
| | Nr. 47 |
| | Nr. 53 |
| | Nr. 64 |
| | Nr. 95 |
| | Nr. 109 |
| | Nr. 111 |
| | Nr. 115 |
| | Nr. 123 |
| | Nr. 170 |
| | Nr. 187 |
| | Nr. 188 |
| | Nr. 229 |
| | Nr. 256 |
| Neef 14 | Nr. 15 |
| | Nr. 171 |
| | Nr. 213 |
| | Nr. 235 |
| | Nr. 247 |
| | Nr. 252 |
| | Nr. 255 |
| | Nr. 257 |
| Neef 15 | Nr. 20 |
| | Nr. 135 |
| | Nr. 165 |
| | Nr. 268 |
| Neef 16 | Nr. 30 |
| | Nr. 51 |
| | Nr. 64 |
| | Nr. 64 |
| | Nr. 172 |
| | Nr. 174 |
| | Nr. 239 |
| | Nr. 262 |
| Neef 17 | Nr. 89 |
| | Nr. 124 |
| | Nr. 131 |
| | Nr. 131 |
| | Nr. 158 |
| | Nr. 173 |
| | Nr. 236 |

| Neef 18 | Nr. 1 | Neef 21 | Nr. 139 | | Nr. 215 |
|---|---|---|---|---|---|
| | Nr. 2 | | Nr. 140 | | Nr. 215 |
| | Nr. 3 | | Nr. 141 | | Nr. 216 |
| | Nr. 5 | | Nr. 143 | | Nr. 227 |
| | Nr. 6 | | Nr. 144 | Neef 24 | Nr. 4 |
| | Nr. 8 | | Nr. 146 | | Nr. 16 |
| | Nr. 10 | | Nr. 150 | | Nr. 17 |
| | Nr. 11 | | Nr. 153 | | Nr. 21 |
| | Nr. 48 | | Nr. 157 | | Nr. 31 |
| | Nr. 49 | | Nr. 159 | | Nr. 34 |
| | Nr. 57 | | Nr. 160 | | Nr. 35 |
| | Nr. 60 | | Nr. 162 | | Nr. 110 |
| | Nr. 70 | | Nr. 163 | | Nr. 121 |
| | Nr. 72 | | Nr. 164 | | Nr. 129 |
| | Nr. 76 | Neef 22 | Nr. 82 | | Nr. 147 |
| | Nr. 175 | | Nr. 86 | | Nr. 147 |
| | Nr. 180 | | Nr. 88 | | Nr. 147 |
| Neef 19 | Nr. 18 | | Nr. 91 | | Nr. 156 |
| | Nr. 39 | | Nr. 92 | | Nr. 168 |
| | Nr. 73 | | Nr. 93 | | Nr. 204 |
| | Nr. 79 | | Nr. 94 | | Nr. 218 |
| | Nr. 79 | | Nr. 96 | | Nr. 219 |
| | Nr. 125 | | Nr. 97 | | Nr. 223 |
| | Nr. 126 | | Nr. 100 | | Nr. 234 |
| | Nr. 128 | | Nr. 102 | | Nr. 248 |
| | Nr. 151 | | Nr. 104 | | Nr. 249 |
| | Nr. 151 | | Nr. 105 | Neef 25 | Nr. 13 |
| | Nr. 197 | | Nr. 107 | | Nr. 68 |
| | Nr. 220 | Neef 23 | Nr. 22 | | Nr. 77 |
| | Nr. 264 | | Nr. 24 | | Nr. 127 |
| Neef 20 | Nr. 23 | | Nr. 36 | | Nr. 154 |
| | Nr. 26 | | Nr. 45 | | Nr. 166 |
| | Nr. 28 | | Nr. 58 | | Nr. 192 |
| | Nr. 29 | | Nr. 59 | | Nr. 199 |
| | Nr. 32 | | Nr. 62 | | Nr. 205 |
| | Nr. 56 | | Nr. 63 | | Nr. 225 |
| | Nr. 61 | | Nr. 67 | | Nr. 228 |
| | Nr. 75 | | Nr. 176 | | Nr. 245 |
| | Nr. 142 | | Nr. 178 | | Nr. 258 |
| | Nr. 169 | | Nr. 178 | | Nr. 266 |
| | Nr. 186 | | Nr. 181 | Neef 26 | Nr. 83 |
| | Nr. 206 | | Nr. 189 | | Nr. 101 |
| | Nr. 231 | | Nr. 196 | | Nr. 117 |
| | Nr. 237 | | Nr. 207 | | Nr. 152 |

# Kurzübersicht zum Verweissystem

**1. Besonderheiten bei den Twopacks und Onepacks**
1.1 Onepack-Twopack-Wechsel bei I-Nun und I-Jod/Waw-Verben
1.2 Twopack = Circumpack und Onepack = Middlepack bei hohlen Wurzeln
1.3 Triplepack bei doppelt schwachen Verben
1.4 Doppelter Onepack bei II-Geminatae
1.5 Onepack-Twopack-Wechsel bei II-He

**2. Gleichlauter im Twopack**
2.1 Aleph (gehörnt) und Ajin (einäugig)
2.2 Samech (Bomben-S), Zajin (Hammer-S), Sin (Heugabel-S)
2.3 Kaph (englisch), Qoph (arabisch), Chet (schweizerisch)
2.4 Beth (b/b-Laut), Waw (w-Laut/v-Graphem) und Pe (p/p-Laut)
im Silbenanlaut und Silbenauslaut (das f-Problem)
2.5 Taw (unbezeichnet) und Tet (nass)

**3. Stämme**
3.0 Qal – unbezeichnet
3.1 Nif'al – am Nil
3.2 Pi'el – in Pisa
3.3 Hitpa'el – in der Hitze
3.4 Hif'il – bei HiFi-Sound
3.5 Hištaf'el – bei gehischter Fahne

**4. Noch weitere Besonderheiten**
4.1 a-e-Perfekte oder ähnliches
4.2 Dialekt-Krücken aus Mangel an »normalem« deutschen Wort